赢得孩子的心

［美］
亨特·克拉克-菲尔兹
（Hunter Clarke-Fields）
著

张宇涵 译

与孩子建立
亲密合作的关系

Raising
Good
Humans

A Mindful Guide to Breaking the
Cycle of Reactive Parenting and
Raising Kind, Confident Kids

机械工业出版社
CHINA MACHINE PRESS

Hunter Clarke-Fields. Raising Good Humans: A Mindful Guide to Breaking the Cycle of Reactive Parenting and Raising Kind, Confident Kids.

Copyright ©2019 by Hunter Clarke-Fields.

Simplified Chinese Translation Copyright ©2024 by China Machine Press.

This edition arranged with New Harbinger Publications through BIG APPLE AGENCY. This edition is authorized for sale in the Chinese mainland (excluding Hong Kong SAR, Macao SAR and Taiwan).

No part of this book may be reproduced or transmitted in any form or by any means, electronic or mechanical, including photocopying, recording or any information storage and retrieval system, without permission, in writing, from the publisher.

All rights reserved.

本书中文简体字版由 New Harbinger Publications 通过 BIG APPLE AGENCY 授权机械工业出版社仅在中国大陆地区（不包括香港、澳门特别行政区及台湾地区）独家出版发行。未经出版者书面许可，不得以任何方式抄袭、复制或节录本书中的任何部分。

北京市版权局著作权合同登记　图字：01-2023-2157 号。

图书在版编目（CIP）数据

赢得孩子的心：与孩子建立亲密合作的关系 /（美）亨特·克拉克-菲尔兹（Hunter Clarke-Fields）著；张宇涵译. -- 北京：机械工业出版社，2024.8（2024.12重印）. -- ISBN 978-7-111-76118-1

I．G78

中国国家版本馆 CIP 数据核字第 20242BX368 号

机械工业出版社（北京市百万庄大街 22 号　邮政编码 100037）
策划编辑：刘利英　　　　　　　　责任编辑：刘利英
责任校对：张勤思　李可意　景　飞　责任印制：郜　敏
三河市宏达印刷有限公司印刷
2024 年 12 月第 1 版第 2 次印刷
147mm×210mm・8.375 印张・1 插页・164 千字
标准书号：ISBN 978-7-111-76118-1
定价：59.80 元

电话服务　　　　　　　　网络服务
客服电话：010-88361066　　机　工　官　网：www.cmpbook.com
　　　　　010-88379833　　机　工　官　博：weibo.com/cmp1952
　　　　　010-68326294　　金　　书　　网：www.golden-book.com
封底无防伪标均为盗版　机工教育服务网：www.cmpedu.com

献给我的女儿们,你们是了不起的老师,是我生活中爱和欢乐的源泉,也是我敬畏的宇宙奇迹。谢谢你们!

译者序

当你翻开这本书的时候,你就已经踏上了一段新的旅程,恭喜你!这是一本很实用的指南,全书主要分为两个部分,第一部分是家长需要做的内在工作,通过正念冥想和一些实用的练习,家长可以在养育中的困难时刻变得更加冷静和理智;第二部分是一些关于养育的实用技巧,它告诉家长如何巧妙地与孩子沟通,如何温柔地守住自己的底线,如何与孩子建立稳固而持久的联结,如何加强孩子的配合以及促进家庭的和谐。

本书包含大量操作性很强的练习。读完这本书,你将会对你现在的养育模式以及你应对事情的方式有一个全新的认识,也会对你自己有更加清晰的理解。你会觉察到之前没有意识到的一些内心的旧伤,看到它们是怎么影响现在的你的。你还会看到,孩子的成长之路也是你的个人成长与治愈之路。

不知你是否留意过,乘坐飞机时有这样一句提示语:"若飞机出现紧急失压,氧气面罩会落下,在帮助别人之前,请自己先佩戴好氧气面罩。"这是在告诉我们,我们只有先照顾好自己,才能更好地帮助我们身边的人。这也是本书中我很喜欢的一个观点:对于家长而言,照顾好自己并非可有可无,而是家长的职责所在。家长自己的内心要先充盈着能量,才能把更多美好的品质传递给自己的孩子。

孩子每时每刻都在成长,同时也在向我们学习,所以,给孩子最好的教育是做孩子的榜样。我们并不需要成为完美的家长,我们会犯错,我们会有各种各样的情绪,我们会脆弱,会不知所措,但没有关系。正如作者所传达的,养育孩子对每个人来说都是一段旅程,这段旅程不在于完美,而在于不断向前。孩子需要看到我们陷入困境,吸取教训,并且仍然珍视自己,这样他们才知道自己该如何去做。所以,在阅读本书的时候,我也邀请你抱着对自己友善、慈悲的心态,温柔地触摸自己的内心,看到自己,关怀自己,爱自己。无论是养育之路,还是个人的成长之路,虽然旅途中必定充满了坎坷与艰辛,但也充满了喜悦和收获。放下对自我的苛求,从每个时刻中学习,这是一条永无止境的路。只有允许自己不完美,才能去拥抱新的可能。

这些年来,"原生家庭"问题常被热议。在我看来,没有完美的"原生家庭",每个孩子在成长过程中多多少少都会受伤。对一个人来说，成长是一段旅程，每个人都有可能在这段旅程中的任何一个路口被治愈。这本书是你治愈自己的一束光！我们有力量也有责任治愈自己过去的创伤，并将一代一代延续下来的养育过程中的错误模式转化。你可以给自己第二次成长的机会，阅读这本书就是很棒的一次成长机会！当你治愈自己的时候，你也能够更好地爱你的孩子。

这是一本很打动我的书，在翻译本书的过程中，我也感受到自己在被不断地治愈。书中温柔而坚定的文字滋养着我内心的一些伤口，它们抱持着我，给我信心和力量。作为译者，我想把这么棒的书分享给更多的人，让更多的人从中受益、从中收获、从中成长、从中治愈。相信在阅读本书之后，你会更加珍视自己，更加爱自己，爱这个美好的世界，同时，你也会拥有一段美妙的陪伴孩子成长的时光。那时，你的孩子会在你的眼中、会在世界的各个角落里闪闪发光！

张宇涵

推荐序

我早年的养育经历简直一团糟。我筋疲力尽,烦躁不安,深感困惑。诚然,在那段日子里,我和女儿们有过不少温馨的时光,但是我也时常对她们发脾气。当其他妈妈被称作"依附式父母"(Attachment Parents)[一]或"虎妈"(Tiger Moms)[二]时,我显然认同了这种捉摸不定且毫无益处的养育方式。

最终,我发现自己踏上了一段类似于亨特·克拉克-菲尔兹在本书开头所描述的旅程。我采纳了我所能找到的每一条养育建议。我读书、报名参加网络研讨会和线上峰会,并制订了让高水平的活动策划者都相形见绌的养育计划。我要

[一] 这类父母总将已经成长为儿童、青年甚至成年人的子女,还当作嗷嗷待哺的小婴儿一样去疼爱和照顾。这种类型的父母不能很好地适应和接受孩子的成长与发展。——译者注

[二] 这类父母在养育过程中对孩子进行严厉管教,并制定严苛的家规,使用权力和威胁控制孩子。——译者注

做出改变。

但我并没有改变。

我当时没有意识到，其实我并不需要更多的信息。我需要的是基于这些见解的洞察力和策略。我需要了解我为什么会发脾气，以及如何保持足够的冷静来运用我所学到的方法。

最终，我走上了正念课程之路。

请不要误会，在此之前，我也曾对"正念"抱有深深的疑虑。我曾一度认为，"正念"就像我在大学时代所揶揄的鼓圈活动⊖一样，只是一种一时兴起的时髦玩意儿，与我做家长时所面临的挑战没有任何关系。尽管我很怀疑，但我仍然渴望得到改变和疗愈，以及寻找任何能够帮助我在困难的养育时刻保持冷静的方法。所以最终我克服了怀疑，并做出了尝试。

在接下来的几个月甚至几年里，我了解到正念与鼓圈、康普茶⊖或者清理我的思维无关。

这关乎觉知——在任何特定时刻，觉察自己的内在和身边所发生的事情。比起进行评判或感到焦虑，我学会了对自己觉察到的东西感到好奇。也许最重要的是，我学会了如何

⊖ 一种即兴的团体音乐活动，由人和鼓组成圆圈，被认为具有音乐治疗的效果。——译者注
⊖ 一种号称有保健功效的发酵茶。——译者注

在真正困难的养育时刻对自己保持慈悲——不要误会,因为无论你多么正念,也总会有困难的养育时刻。

我的正念练习对我的养育经历产生了巨大的影响。我冥想得越多,我的反应性就越低。我越经常地觉察到我和孩子即将失去控制,我实际上失去控制的可能性就越小。我不会为自己的错误而责备自己,而是提醒自己,养育对每个人来说都是件很难的事情,搞砸也没有关系。我随时可以重新开始。

当我学会了如何让自己冷静下来时,我意识到自己遇到了一个全新的问题:当我不对孩子吼叫的时候,我该对他说些什么。事实上,我仍然希望孩子停止哭泣、打架和争吵,但当我不再使用过去的方式来压抑孩子的崩溃情绪时,我不知道该说什么好。我不得不重新研究那些养育建议,从而真正掌握一门全新的与孩子沟通的语言。

唉,亨特要是在十年前写这本书就好了。

但事情就是这样。她当时没有写这本书,因为她当时还在她自己的养育之旅中,那段旅程与我的相似,但那是她自己独一无二的旅程——旅程都是如此。亨特也经历过养育的快乐与挑战(甚至直到现在仍在继续),而这只是让本书成为一本影响如此深远的书的原因之一。

其他原因都与亨特是谁以及她的信仰有关,其中大部分都包含在书中我最喜欢的一句话里:"想获得一些重大的个人成长吗？与学龄前儿童在一起待6个月比独自在山顶上待几年更有效。"

毫无疑问，亨特在对待与家长们共同的工作上非常认真。在她的静修活动、在线培训、个体辅导以及现在的这本书中，亨特毫无保留地鼓励她身边的家长伙伴们追求个人的重大成长突破。她明确指出，自我照顾并不是可有可无的，事实上，自我照顾是我们的"家长责任"。她敦促我们冥想、应对让我们不舒服的感受，并认真考虑我们在养育过程中做出的每一个决定——从吼叫孩子到惩罚孩子——这些行为最终可能会反过来影响孩子的行为模式。

但亨特并没有用模糊或笼统的建议来敷衍我们。这本书充满了启迪式的问题，旨在引导读者得出自己的结论和见解，并投入已被研究证明有效的练习中（比如正念冥想练习和慈爱练习），摆脱消极的思维方式，拥有对所有经历说"是"的力量，以及进行具体的印证式倾听练习。谢天谢地，这正是我们许多人所需要的。（至少我知道我确实需要！）

但严肃的行动呼吁并不是不堪重负的家长们唯一需要的东西。我们还需要有人来提醒我们，尽管养育任务是很严肃的，但我们也不需要过于苛责自己。我非常感谢亨特轻松的笔触和友善的提醒，她告诉我们不必总是紧绷着神经努力工作，在有可能放松的时候，我们也需要找到放松的方法。

我想与你分享的关于本书的见解、建议和可能性的内容太多了，如果我把它们都写在这里，可能最终会再写出一本书。在你深入阅读本书的时候，我鼓励你仔细思考亨特在引言中提出的这些强有力的问题（它们颠覆了我们对育儿的固有认知）：

你对孩子的期望是什么？你在自己的生活中践行了这些事情吗？

如果你对第二个问题的回答不是明确的、坚决的"是"，也不用紧张，读这本书就对了。无论你是经常压抑怒火还是陷入手足无措的境地，亨特都有你需要的方法。

卡拉·纳姆伯格（Carla Naumburg）博士

《崩溃妈妈的自救指南》(How to Stop Losing Your Sh*t with Your Kids) 作者

引 言

"在育儿的过程中,我们经常自诩为孩子的老师,但其实我们很快就会发现,孩子也是我们的老师。"

——丹尼尔·西格尔(Daniel Siegel)
和玛丽·哈策尔(Mary Hartzel)

作为一个妈妈,我最大的成功恰恰来自我养育中失败的时刻。请允许我分享我最难忘的一件事。

我坐在楼上的走廊里哭,不是默默地流泪,而是泪如泉涌地痛哭,哭到脸颊通红,就像刚刚参加了一场拳击比赛。我的内心也仿佛被重击了一般。在我身后,紧闭的门的另一边,我两岁的女儿也在哇哇大哭,因为我的愤怒吓到了她。

她的哭声刺痛了我的心,这又引发了我新一轮无法抑制的喘息和抽泣。我用手捂住自己的脸,在地板上蜷缩成了一团。

有谁说过养育孩子会是这样的感觉吗?没有。养育孩子的场景应该被柔光所包围,我应该深情地凝视我的孩子,对吗?那么,我到底是怎么了?

我当时很痛苦,但过了一段时间,我冷静了一些,告诉自己,我不必过度自责,育儿的确是一项艰巨的任务!我慢慢地坐了起来,意识到自己吓到了我无辜的宝宝。我的行为损害了我们之间的关系。把责任推到孩子身上是很容易的,但当我冷静下来,我意识到自己可以选择重新开始。

我用袖子擦了擦我那满是泪水的、浮肿的脸,我感到筋疲力尽,浑身发抖。我深吸了一口气,站起来,打开门安慰她。

那天,在楼上的走廊里,我的旅程开始了。

如果这是我觉醒的唯一重大时刻,那么讲这个故事会容易很多。我希望自己能在那之后马上说,我振作起来了,我发誓再也不会对孩子吼叫了,从此以后过上幸福的、陪伴孩子成长的生活。然而事实是,我已经失控太多次,甚至数不清了,而且在那之后,我还会搞砸更多次。

尽管那时的我绝对不敢相信,但是在今天,随着我的女儿即将步入青春期,我们的关系比以往任何时候都要更加亲密。虽然我肯定会有感到沮丧的时刻,但是我很少对她或她的妹妹吼叫。我的孩子们可以做到在没有任何威胁或惩罚的情况下配合我（98%的情况下）。

这是怎么做到的呢？是通过践行我从正念、共情沟通和冲突解决中得到的实用策略实现的。这些就是本书的全部主题。你将学习如何从一个焦虑的家长变成一个友善而自信的家长：理智、冷静且熟练。书中总结的方法已经帮助了数百名家长，帮助他们与孩子建立他们理想中的和谐、合作的关系。

从那些几乎持续不断受挫的日子里，我开始了一次史诗般的探索，去了解我自己和我的孩子。我阅读书籍，尝试不同的做法，参加培训，考取证书，以努力改变自己的习惯。在多年的正念学习中，我投入了加倍的努力，并把它带到了我作为家长的日常生活中。我不仅学会了如何防止自己情绪失控，还掌握了建立牢固的人际关系的方法。现在我的女儿们配合我，是因为她们选择配合我，而不是因为我威胁她们。通过这本书，我希望带你走上一条捷径，帮助你绕过多年的学习、培训和试错，并告诉你我认为最重要的八项基本技能。

养育孩子的现实

在我第一个孩子玛吉出生之前，我对如何养育孩子充满了种种想象。我想象自己的孩子会热切地按照我的要求去做，而不会跟我顶嘴。我会充满慈爱且坚定，我们会相处得很好。我还想象着我们一起悠闲地游览艺术博物馆的场景（尽管嘲笑我吧）。

孩子学步期[⊖]的表现给了我沉重的打击，我的女儿不仅不听我的话，而且她对我说的几乎每一句话都极力抗拒。我们每天都会发生争执。我和我生性冷淡的丈夫把她视为一颗小小的定时炸弹，任何事情都可能引起她（仿佛）持续几个小时的、充满尖叫和咆哮的哭闹。整天和她待在家里让我感到心烦意乱和筋疲力尽。我的孩子怎么了？为什么会这样？没过多久，我的脾气也爆发了。这真是太糟糕了！

现在我回过头来看，照片里的她是多么可爱，而当时的养育过程是多么难以置信地艰辛，这真是太不可思议了！在孩子成长的过程中，我和她共同经历了美妙的、能够改变我们生活的快乐时光，她让我看到了我过去没有意识到的情绪触发器。那时候，我并没有意识到自己正沿袭着父亲的脾气，重蹈了延续数代的养育模式。

如果你易怒、沮丧，常常感到失望和内疚，如果你在养育过程中吼叫、跺脚或哭泣，不必过于自责，很多人都和你有着同样的经历。在我女儿还小的时候，我的脾气也很暴躁，我感到精疲力竭，又为自己的愤怒感到彻头彻尾的羞愧

⊖ 指 1～2 岁，孩子开始学走路的时期。——译者注

和内疚。

坐在走廊地板上的那一天，我有两个选择：继续羞愧和自责，陷入绝望的深渊；或者接纳正在发生的事情，并从中吸取教训。我最终选择从我的愤怒中学习，检视自己的暴脾气被触发的原因。我意识到，为了做个尽可能好的妈妈，我需要变得更加冷静，反应性更低，我需要用更巧妙的语言来与我的女儿交流，而不是使用责备的话语——那只会让情况变得更糟。

对你来说，好消息是，如果我能扭转我反复失败的局面，并与我的孩子建立牢固的、充满爱和联结的关系，那么你也可以！

改变"完美父母"的刻板印象

这并不容易。作为父母，我们被告知应该永远知道该做什么。我们应该能够毫不费力地做出健康的午餐，营造一个整洁的家，让每个家庭成员的生活都井然有序，并且看起来很喜欢做这些事情。我们应该和孩子有着很好的关系，因为"完美父母"总是充满爱心、耐心和友善。

但现实是，有时我们并不喜欢自己的孩子，我们表现得不耐烦，对孩子吼叫，甚至是刻薄。对于大多数人来说，想到这些焦头烂额的场景就会产生一种无法承受的羞愧感。你可以选择陷入其中，也可以选择将其视为学习和改变的机会。我邀请你选择后者。

每时每刻都在给孩子做示范

我对我的孩子们有哪些期望呢？我希望我的女儿们快乐，内心充满安全感和自信。我希望她们与其他人保持良好的关系。最重要的是，我希望她们对自己的外表感到满意——接纳自己。

你对你的孩子有哪些期望呢？在你回答了这个问题之后，最大的问题就变成了：你在自己的生活中践行了这些事情吗？

你可能已经意识到，孩子往往不擅长做我们说的事情，但很擅长做我们做的事情。从婴儿期开始，我们就在教他如何用我们待人的方式来对待他人。我们对孩子每时每刻的回应积累起来，会形成一种模式，孩子可能一辈子都会遵循这种模式。因此，我们有责任按照我们希望孩子行事的方式去行事。

你想要什么样的家庭生活呢？你想要什么样的感觉呢？也许你希望自己更加冷静，或者你可能想要在做选择的时候少些冲动：多些自信，又或者你可能需要得到孩子更多的配合。我邀请你在下面的练习中探索你对这些问题的回答。（这是本书的第一个写作提示。我强烈建议你准备一个笔记本作为本书的阅读日志,这样你就可以把你做的和这本书有关的事情都收集在一起了。)

> 特别提示:亲爱的读者,当你读到被要求做练习的地方时,我知道这是什么样的感觉。你决定以后再做,然后继续读后面的内容。然而,如果你想要实现任何有意义的改变,就需要亲身实践。我们都想要在生活中发生真正有意义的改变,不是吗?把这本书看作探索更有益的养育方式的一个练习册吧,下面的练习就是你迈出的第一步。你可以的!现在就去拿个笔记本吧。

◉ 练习:写下你的养育现状

重要的是,要清楚地了解你期望的家庭生活是怎样的,以及你需要改变些什么才能实现你的期望。花一点时间来思考这些问题。尽可能多地为每一个问题写下令你满意的答案。在你的日志上记下学习这一页的日期(它是你现在的感受和行为的快照),以及你希望这些感受和行为在未来变成什么样子。

你现在对养育孩子的过程感觉怎么样呢?

你经历了哪些使你产生挫败感的事情呢?

你想要什么样的感觉呢?

你想改变自己行为中的哪些方面呢?

如何塑造有觉知的生活方式

这本书将帮助你与孩子进行更加冷静和更加深思熟虑的互动。你将学会如何与孩子更巧妙地沟通,让孩子真正想要配合你。你将学习如何处理自己的情绪触发器,这样你就可以向孩子展示如何处理他的强烈情绪。你会探索出如何按照你希望孩子效仿的方式去生活。

你可能见过父母对孩子吼叫,从而让孩子安静下来(或者你自己也有过类似的经历)。孩子看穿了这种虚伪。如果我们希望孩子学会友善和尊重(包括对我们自己),那么我们就必须对孩子表现出友善和尊重。如果我们希望孩子考虑他人的需求,那么我们就必须向孩子表明,我们真的考虑了他的需求。如果我们想让孩子更有礼貌,那么我们就必须在与孩子的沟通中使用礼貌用语。在教育孩子的时候,我们必须以我们期望他人对待我们的方式来对待孩子,并且亲身示范我们期待孩子效仿的行为准则。这看起来很简单,但做起来一点也不容易。

使亲子间联结断裂的养育习惯

遗憾的是，在我们的文化中，我们常常未能给予孩子应有的重视，甚至对于很多我们自己都做不到的事情，我们却期望孩子能够做到。我们希望孩子尊重我们，但我们却不断地对孩子发号施令。我们对孩子提出要求，却在孩子表达自己的需求时感到惊讶。对孩子吼叫、使用威胁和惩罚、向孩子展现权力和胁迫是我们的常用手段。

不出所料，这会导致关系中的联结断裂。孩子会开始怨恨父母。等到十几岁的时候，他已经受够了这种待遇，并且开始反抗。在孩子最需要父母的时候，也就是青少年时期，我们却失去了影响力。有时，这种影响甚至会延续到孩子成年后，导致父母与孩子的关系遭受长远而不可挽回的破坏。

我邀请你考虑一个更好的选择：在与孩子的沟通中，展现出你希望孩子学习的友善和尊重的沟通方式。在产生冲突的时刻，少一些自动化反应。在回应孩子的时候，多一些理解和包容。确保自己的需求得到妥善满足，并设立必要的界限，这样一来，在沟通过程中，你便能避免因冲动而感到愧疚，避免责备孩子或对孩子使用威胁的手段。你需要以身作则，在你自己的生活中展现出你期待孩子拥有的那些优秀品质。

改变旧模式

在接下来的内容中,你将了解到可能在你的家族中延续了数代的有害模式。当你意识到这些代际模式的存在时,让它们鞭策和教诲你。

在我解决了自己对孩子大声吼叫问题的几年后,我和我的爸爸坐下来聊天。他跟我谈到了他的成长环境,那时,他的父母曾用皮带打他。我祖父母的行为在今天被称作"精神创伤性虐待"[一],在当时却被认为是正常的。在轮到我的爸爸做父亲的时候,他也打了我。

现在,我肩负着改变一切的使命。我不仅没有体罚我的孩子,还试着不对孩子吼叫。我们看到了一代又一代人的进步,但对我来说,仅仅不对孩子吼叫是远远不够的。我想要在合作和尊重的基础上,与孩子建立一种积极的关系——我做到了。在我的家庭里,严厉、愤怒和那些使联结断裂的旧模式已经改变了。

不再使用威胁

在这本书中,你找不到任何使用威胁或惩罚的建议,这

[一] 指父母对孩子的体罚使孩子出现了精神创伤。孩子表现出心理、情绪甚至生理的异常。有些精神创伤经过自我调整可以自然痊愈,但也有一些严重的精神创伤可能会持续较长的时间,甚至伴随终生。——译者注

是有充分原因的：一方面，当我们威胁孩子的时候，孩子就学会了威胁其他人。另一方面，与巧妙的沟通相比，威胁是一种不那么有效的养育方式。

取而代之的是，你将了解到一些基于研究和实践的被证实有效的方法，这些方法可以促进家庭中每个人的幸福。你与孩子的关系越紧密，你对孩子的影响力就会越大。这不是魔法，它需要你做一些艰苦的工作，但它带来的好处将贯穿孩子的一生。在我开发和教授的正念养育课程中，我和我的学员们做了一次又一次的见证。你也可以改变你的家族中延续数代的有害模式！

当我的第一个孩子还小的时候，我们几乎每天都会发生冲突。我不仅不善于处理她的负面情绪，我的沟通方式还让我们在遇到问题时把情况变得更糟。不过，通过运用本书中介绍的方法，我成功地改变了这一切。现在，在和孩子发生冲突后，我不会再像过去那样产生那么多的挫败感，并且能够在冲突过后更快地调整恢复。我和我的丈夫也明显感觉到，我们的两个孩子更加配合我们了。

养育的正念之路

大多数育儿类图书不会告诉你，当面对压力的时候，你很可能会忘掉书中所有优秀的建议——在脑海中搜寻新学到的技能变得异常困难。这就是为什么这本书会告诉你如何让你的应激反应（面对刺激时，发生在个体内部强烈的心理活动）平息下来，并教你如何有效地与孩子进行沟通。这样你在与孩子沟通时，就不会触发那么多的阻力。

降低反应性和进行有效的沟通可以通过八项技能来传授，从现在开始，你就可以在你繁忙的生活中练习这些技能：

- 正念练习以降低反应性
- 觉察自己的故事
- 学会自我关怀
- 应对孩子不舒服的感受
- 共情式倾听
- 巧妙地表达需求
- 使用双赢策略解决问题
- 养成有助于建立稳固亲子关系的习惯

在养育孩子的过程中，遇到挑战、挫折和令人恼怒的事情时，很多家长会责备孩子。如果我们能搞定我们的孩子，生活就会变得更好。但是，与其责备孩子或你自己，不如把养育过程中的困难和压力视作自己的老师——作为值得你从中学习的东西，而不是你希望消失的东西。

本书分为两部分。第一部分是关于你个人可以做的基础工作，这些基础工作可以帮助你降低反应性。第二部分致力于帮助你与孩子进行更加巧妙的沟通,以及促进家庭中的和谐。请不要跳过本书的前半部分!内在工作是沟通工作的重要基础。

在第一部分中,你将学习到一些正念练习,来帮助减少应激反应,并培养慈悲心。然后,你会觉察到自己的故事,并找出情绪诱因。接下来是自我关怀,因为这是做出积极改变所需要的基本态度。最后,我们将以应对不舒服的感受这一重要技能来结束第一部分。

在第二部分中,你将学习到一些沟通技巧,这会让你在与孩子沟通时得到更多的配合,让你们之间的关系变得更好。你将学习如何用倾听来帮助你的孩子解决他自己的问题,并改善你们的关系。你将学习如何表达,这样你就不会引发你孩子身上那么多的抵触情绪。你将学习如何在不诉诸威胁的情况下解决问题,从而满足每个人的需求(包括你自己的需求)。最后,你将了解到一些练习和你需要养成的习惯,它们可以帮助你建立焕然一新的和谐家庭。

我在生活的挣扎中创建了一套正念育儿课程。作为一名母亲,我曾深深感到自己在生命中最重要的工作——养育孩子上陷入了困境,甚至觉得自己是个失败者。市面上的育儿类图书中有很多很实用的建议,但当我处于极度沮丧和焦虑的状态时,我发现我很难将这些理论付诸实践。为了继续前行,我不得不重新回归并坚持我的正念练习。然而,我的正念练习并没有帮助我找到适合对孩子说的、不会引发孩子抵触情绪的话。

最终,我将正念与沟通这两项任务结合到了一起,因为我意识到,二者是相辅相成的。两者我都需要,和我一起工作的家长亦然。如同飞翔所需的两只翅膀,正念和巧妙的沟通缺一不可。

不要轻易相信我所说的每一句话,你需要亲自去尝试。你不仅需要花时间来阅读这些概念,而且需要在自己的生活中践行它们。这意味着采取行动——写作、实践和每时每刻做练习。它还意味着练习不反应,这个过程开始可能会令你感到畏惧和不安,但请相信,坚持下去最终会带来益处。你的付出终将会得到回报,所以我鼓励你像科学家那样,在自己的生活中用实践检验这些做法。我给你留下了一份正念养育宣言,正如你将会看到的,这是贯穿本书的指路明灯。

正念养育宣言

正念的父母是新一代的父母:临在的[一]、不断成长的、沉着冷静的、真实的和自在的。正念的父母拒绝"苛求"的习惯,他们知道,当从不必要的压力和限制自身的故事中解脱出来时,那些真实、平和的本性就会熠熠生辉。

[一] 指带着觉察安住在当下,专注于当下所做的任何事情上,活在当下的一时一刻中。——译者注

正念的父母练习自我关怀，并将挑战视作老师，而不是自身的缺陷。

正念的父母重视智慧胜过反应，重视共情胜过顺从，他们将每一天视作新的开始。

正念的父母通过亲身实践来示范自己希望孩子习得的生活方式，深知最好的养育方式是以身作则。

正念的父母走进自己的内心，安静地获取内在的力量。

正念的父母践行临在，创造属于自己的经验，拥抱不完美，爱自己。

正念的父母拥有动力，知道自己所走的每一步都在为下一代改变些什么。

我是正念的父母。

目录

译者序

推荐序

引　言

第一部分　打破旧的教养模式，成为你想成为的父母

第1章·：在养育的困难时刻保持冷静　/2

自动化反应如何影响我们的养育方式　/3
正念：父母需要的超级力量　/7
更少的自动化反应，更多的临在　/21
减弱养育过程中的反应性　/32

第2章·：解除你的情绪触发器　/34

孩子教给我们的　/35

处理你的情绪触发器 /42
如何减少吼叫 /50
解除你的情绪触发器，变得更加临在 /63

第 3 章·: **学会自我关怀 /65**
对内在声音的觉察很重要 /66
自我关怀的疗愈力量 /69
践行我们希望孩子具备的品质 /76
培养不强求的心态 /86
由内而外的友善 /88

第 4 章·: **应对不舒服的感受 /91**
对感受的习惯性反应 /92
正念接纳你的情绪和感受 /94
帮助孩子走出不舒服的感受 /109
如何应对不舒服的感受 /117

第二部分　**养育友善、自信的孩子**

第 5 章·: **共情式倾听孩子 /120**
处理问题的正念方法 /121
通过倾听进行疗愈 /125
哪些话可能导致亲子关系的破裂 /130
如何用有效沟通来替代旧模式 /135

倾听能够改善关系 /143

第 6 章 ·: 巧妙地表达你的需求 /145
如何满足你自己的需求 /146
有爱且有效的表达习惯 /169

第 7 章 ·: 使用双赢策略解决问题 /172
传统的冲突解决方案 /174
平衡需求，解决冲突 /179
扩大对孩子的影响力 /196

第 8 章 ·: 有助于建立稳固亲子关系的习惯 /199
有意识地培养与孩子的联结 /200
有帮助的养育习惯 /208
简化生活，促进家庭和谐 /217
转向更正念的生活 /227

致谢 /231

延伸阅读 /233

参考文献 /235

第一部分

打破旧的教养模式，成为你想成为的父母

第 1 章

在养育的困难时刻保持冷静

"你无法阻挡海浪,但你可以学会冲浪。"

——乔恩·卡巴金(Jon Kabat-Zinn)

想象一下,现在是早上 8 点,你有一整天的事情要做,你的孩子则必须在 8∶15 去上学。校长已经发出过警告,说你的孩子经常迟到。现在,他已经花费了很多时间换衣服上,还没有刷牙。

"宝贝,快点,否则我们要迟到了!"你喊了好几次,但他还是没有过来。你走进他的房间,想看看到底发生了什么,却发现他正在地板上打滚,并叫着:"我不去上学!"

当你读到这个场景时,你的脑海中会出现什么呢?你的身体里有什么样的感觉呢?我能感觉到我的脉搏跳动加快,仿佛我的血液也开始升温。我的下巴绷得紧紧的。无助、焦虑和挫败感都涌了出来。不耐烦的思绪掠过我的脑海，我内心的声音在咆哮着。

关键在于，所有的这些反应都是无意识下自动发生的。并不是我们"选择"产生沮丧的想法、无助的感觉或生理的应激反应，而是头脑的自动驾驶系统⊖驱使我们做出了这些反应。我们的压力持续着，左右了我们的反应，许多话不经思索便脱口而出。很多时候，我们头脑的自动驾驶脚本是对自己父母的一种回放，回放了他们在遇到类似情况时使用的表达方式。

自动化反应如何影响我们的养育方式

当我们处于反应模式时，我们在养育孩子方面就处于最糟糕的状态。想象一下，如果你能以深思熟虑的方式做出反应，而不是做出自动驾驶反应（比如，你妈妈对你说过的话从你的嘴里冒出来），事情会有什么样的不同呢？

在这一章中，我们将从神经系统开始，看看它是如何影响我们的养育方式的。然后，你将学习一些可以帮助你抵抗这些有自动化反应倾向的方法，以便不那么被动地做出反应。

⊖ 头脑的自动驾驶系统是一种无意识机制，在应对各种情境时，能够绕开复杂的理性思考过程，无须有意识地进行决策就能够执行相应的应对行为或反应。——译者注

什么是应激反应

在面对压力时,你会感觉到自己的心跳加快,血压升高,呼吸急促。人体内这些几乎瞬间出现的反应可以帮助你抵御危险或逃离危险。当我们的祖先需要对危险做出迅速反应时,应激反应帮助他们生存了下来。因为事实上,应激反应切断了我们与大脑高级区域(也就是用来推理和解决问题的那部分)的联系——在这个时候,我们大脑的高级区域只会妨碍我们,让我们慢下来。如果我们的祖先停下来,考虑如何从剑齿虎的手中救出自己的孩子,他们的孩子早就被吃掉了。我们需要快速反应。然而,在当今世界里,这些头脑自动产生的应激反应经常让我们陷入麻烦。

"失去控制"⊖有生物学和进化上的原因。事实上,从进化的角度来看,"失去控制"并不是你的错。当大脑错误地感知到威胁而产生自动化反应时,"失去控制"就发生了。在我们与孩子发生冲突时,这些自动的生物反应会被触发。我们都不愿意选择这样去回应孩子,不过,正如我们将看到的,我们可以选择减小这些自动化反应的影响。

在头脑的自动导航下,我们也无法有意识地选择需要关注的问题。为了生存,我们都有一种与生俱来的倾向,来

⊖ 指应激反应切断了我们与大脑高级区域的联系,使得我们在应激状态下,暂时失去了对我们行为的控制,于是我们做出快速的自动反应以应对威胁。——译者注

让自己注意到可能存在的威胁之物——一种消极的认知偏差（negativity bias）。大脑的低级区域要确保我们更容易注意到消极因素，这有助于我们的生存。然而，在今天，消极的认知偏差可能会破坏你与孩子的联结——让养育变得更加轻松的黏合剂。我们看到孩子不配合我们的时候，那孩子配合我们的时候呢？我们看到孩子自私的方面，可能会忽略孩子慷慨的方面。在这种消极的认知偏差推动下，我们对孩子的看法可能会变得狭隘和偏颇。

若未经省察，我们的生物学特性会为我们带来负面的养育体验。但并不一定要这样，我将与你们分享一些经过验证的、有效的方法和练习，它们将帮助你扭转不利局面。

大脑中发生了什么

从大脑低级区域的应激反应开始，让我们来仔细看一下"失去控制"的大脑中发生了什么。虽然整个大脑是由相互连接的网络组成的，但探讨大脑最深的部分（脑干和边缘系统）是有帮助的，这些区域主要负责我们的应激反应，以及经典的战－逃－冻结反应。

科学家告诉我们，脑干和边缘系统主要控制着人体基本的身体功能（如呼吸）、本能反应（如战斗、逃跑和冻结）和强烈的情绪（如愤怒、恐惧和厌恶）。杏仁核（在边缘系统区域的两个杏仁状集群中）是我们大脑的威胁监测中心。杏仁核和边缘系统经过几千年的演化，能够迅速发现威胁，并做出反应，从而维持我们的生存。这是如此重要，以至于这些反应绕过了大脑的高级区域。因为在做决策时，大脑的高级区域需要对认知信息进行深度处理，所以要慢得多。

大脑的高级区域，特别是位于我们额头内的前额皮质，通常负责复杂的心理过程，包括问题解决、创造力、计划、想象和思考（Siegel & Bryson，2011）。这个区域是我们可以通过正念培养的一些能力的所在区域：

- 理性决策
- 对情绪和身体有意识的控制
- 自我觉知
- 共情

有缺陷的养育方式

我们做出深思熟虑的选择的能力，取决于我们调动大脑高级区域的能力，这是我们的理解力和共情能力所在的大脑区域。我们"失去控制"，正是因为这种能力受到了损害。你身体的应激反应会削弱大脑高级区域的功能。自动驾驶反应会绕过前额皮质。这一点很重要：当你的应激反应被触发时，你无法调动起大脑的理性部分。

"失去控制"并非你有意识选择的结果,而是你的生物系统的自动应对机制。因此,习得不同的反应模式需要有意识的练习。这也意味着,我们的反应不应该完全归咎于自身。对威胁的即时反应可能对我们的祖先来说至关重要,但我们的杏仁核不知道我们今天生活在一个截然不同的世界里。这也是大多数养育建议不起作用的原因。在很大程度上,养育专家忽视了教我们如何应对压力。所以,当生活中出现困难,我们感受到压力时,就无法使用我们学到的任何养育技巧。尽管养育类图书和博客提供了很多好的建议,但当我们的应激反应发生时,一切技巧都失效了。我们会感到沮丧,甚至可能会认为自己是糟糕的父母。但是现在请听我说:这不是你的错!这只是你的生物反应,有一些方法可以帮助你去应对它们。

如果这些根深蒂固的生物反应是罪魁祸首,那么我们能做些什么呢?令人欣慰的是,我们是有解决办法的。有一种经过时间考验被证实有效的干预措施:正念冥想。最近几年,在你接触的大量媒体报道中,你可能听到过这个词,但你也许不确定这是什么。或者你可能在想:"我们仍然在谈论养育,对吧?"是的,我向你保证,我们真的在谈论养育。

正念:父母需要的超级力量

正念冥想是一个秘密武器,它能降低你的反应性。什么是正念呢？我最喜欢的定义来自科学家、作家、冥想导师乔恩·卡巴金。在将正念引入医疗和社会主流方面，他具有重要影响。卡巴金对"正念"（mindfulness）的定义是：通过对当下有目的的、非评判的关注而产生的觉知。

正念冥想对人们有很多好处。就我们而言，这是一种训练大脑变得不那么被动、更处于当下的练习。正念冥想使我们有意地训练自己将全部注意力集中在当下，不反应、不评判，并保持好奇心。正念是我们追求的品质，而正念冥想是我们培养这项品质的方法。

正念冥想有很多好处，而且没有任何副作用。约翰斯·霍普金斯大学的研究人员发现，47项研究表明，正念冥想有助于缓解焦虑、抑郁和慢性疼痛带来的心理压力（Corliss，2014）。更多的研究表明，它能够调动积极情绪（Davidson，et al.，2002），增加社交联结和情商。更重要的是，它还能提高你调节情绪的能力（这正是家长所需要的！）（Fredrickson，et al.，2008）。我在自己和学员的生活中看到了所有这些好处。简单地说，练习正念冥想能够给予我们一种平静的感觉，可以为我们做好家长打下基础。

正念冥想改变大脑

随着时间的推移，正念冥想可以显著改变我们大脑的反应能力。虽然到现在我们还不能百分之百地确定这是怎么发生的，但磁共振扫描显示，经过 8 周的正念练习后，杏仁核（大脑的"战或逃"中心）会缩小。不仅如此，随着杏仁核的缩小，前额皮质（同样与注意、专注、共情和决策等复杂大脑功能相关的区域）变得更厚了！

更重要的是，这些区域之间的功能连接（它们一起被激活的频率）也会发生变化。杏仁核和大脑其他部分之间的连接减弱了，而注意力和专注力相关区域之间的连接会变得更强（Ireland，2014）。这意味着，冥想正在从生理上改变大脑，它在某种程度上降低了我们的反应性！大脑这种发生改变的能力被称作"神经可塑性"（neuroplasticity）[一]，它可以发生在个体的一生中。通过正念冥想，我们对压力的自动化反应可以被更深思熟虑的反应所取代。

正念冥想是我们后面要做的工作的基础，它可以帮助我们在困难的养育时刻更加清晰地思考。随着你自动化反应的减少，你将能够调动逻辑、理性和共情能力所在的前额皮质，从而使用你所学到的新的沟通技巧。通过一些正念冥想练习，以及其他降低应激反应的练习，在养育过程中，你做出深思熟虑反应的意愿将不再被你的自动化反应所左右。

[一] 包括结构可塑性和功能可塑性，大脑会根据内外环境刺激而做出适应性改变。——译者注

> 在面对压力时,孩子会表现出与你相似的应激反应模式。他的"战或逃"系统通常会将一个具有压迫性的、愤怒的家长视作威胁。如果孩子的神经系统认为你具有威胁性,就会引起他的抵抗,他将无法学习你教给他的东西。这是因为他大脑的高级功能部分处于"离线状态"(更何况孩子的大脑发育程度要低于成年人)。因此,当你需要与孩子进行沟通时,蹲到与他视线平齐的位置,并意识到你的身体和你的声音可能表现出的威胁性,这一点很重要。如果你让自己的身体看起来不那么具有威胁性,并且用更平和的语调与孩子沟通,而不是对孩子吼叫,孩子的压力就会减轻,从而更愿意配合你。

摆脱自动驾驶反应

让我们调整镜头,从更大的视野来看待正念。我们会发现,在大部分时间里,我们都是在自动驾驶模式下陪伴孩子的,我们的头脑固着于实现目标、解决问题和制订计划之中。我们在每天与孩子相处的时间里,常常会被自己对未来的各种思考分散注意力,无法全身心地将注意力投入到孩子身上(例如,在孩子讲述他一天的经历时,我们可能在脑海中计划着接下来要做的晚餐)。当我们处于自动应对、解决问题或规划未来的思维模式时，我们的注意力往往不在当下与孩子的互动上，这意味着我们并没有真正做到全身心地陪伴孩子、与孩子待在一起。

如果我们没有全然地与孩子待在一起，我们就会错过捕捉孩子微妙暗示的机会，从而无法洞察孩子言行举止背后真正想要表达的东西。我们可能会错过一些孩子发出的信号，比如，他此刻需要拥抱或帮助，而不是更多的指导。如果生活中没有正念练习，我们可能会在那一刻做出不恰当的选择，甚至被我们强烈的应激反应所淹没。这样一来，我们就无法给予孩子在那个时刻真正需要的回应——深思熟虑的、共情的反馈。与此相反，我们可能会表现出爆发的情绪或消极被动的反应。在第2章中，我们将深入探讨如何解除这些触发器。现在，你将学习正念练习，以帮助你减少每时每刻的自动化反应。

当我们开始练习正念，带着友善和好奇的态度把注意力带回到当下时，我们便可以将这种关注、友善和好奇的态度带到我们的孩子身上，避免因分心而产生的一系列问题。在我的播客节目《正念妈妈》(*Mindful Mama*)中，精神病学教授、作家，依恋、正念和大脑方面的专家丹尼尔·西格尔博士，与我对话时说："父母的临在是帮助孩子过上幸福生活和适应社会的关键。"

这听起来很棒，不是吗？但实事求是地讲，没有人能成为

"100分"的父母。没有关系,这里有一条中庸之道:使用正念的方法来减少我们的自动化反应,从而对孩子做出更多更及时的回应。我们的目标是"足够好"的养育。

如何练习正念

如何练习正念呢?你需要有觉察地把注意力集中在此时此刻正在发生的事情上,目的是更加关注当下。在正念练习中,你需要练习不加评判,带着友善和好奇的态度去觉察你内心和周围每时每刻发生的事情。让我们现在就来试试,这样你就可以真切地体验到我所说的。

◉ 练习1:正念吃葡萄干

从你的食品柜里取出几颗葡萄干,在开始练习前仔细阅读指导语。接下来,把所有的注意力和好奇心都集中在葡萄干上。

1. 设定练习的目的

带着友善和好奇的态度,下决心把你的全部注意力都投入到这个练习中。

2. 拿起

将一颗葡萄干置于掌心或用食指和拇指轻轻夹住。将你的注意力完全集中在葡萄干上,想象自己刚从火星来到地球,而在你以往的生活中,你从来没有见过类似的物品。

3. 观察

花点时间真正地去看它。仔细、全神贯注地注视葡萄干。用你的眼睛探索它的每一个部分,就像你从未见过它一样。

4. 抚摸

用你的手指翻转葡萄干,感受它的质地。如果你想要增强自己的触觉,你可以选择闭上眼睛。

5. 嗅闻

把葡萄干放到你的鼻子下面,吸入葡萄干的香味。觉察当你这样做时,你的嘴里或胃里有什么样的感觉。

6. 放置

现在,慢慢地把葡萄干放到你的嘴唇上。当你把葡萄干放到嘴里后,不要立即咀嚼,花一些时间来探索把葡萄干含在嘴里的感觉。

7. 品尝

带着觉察咬一两口葡萄干,留意会发生什么。当你继续咀嚼时,关注葡萄干在你嘴里的味道和质地,以及这种感觉是如何随着时间一刻一刻地发生变化的。

8. 吞咽

当你准备吞咽葡萄干的时候,看看你能否在吞咽前先意识到你想要吞咽它的意图,这样,整个吞咽的过程就可以被你有意识地体验到。

9. 感受

最后,看看你能否感觉到葡萄干剩下的部分正在向你的胃部移动。在完成这项正念进食的练习后,觉察你身体整体的感觉。

欢迎来到正念饮食的世界!这只是你用来练习正念的无数情景之一。正念饮食是一种很好的方法,它可以帮助我们意识到我们通常的、分心的、习惯性的思维与全神贯注的练习之间的区别。

锻炼你的"不反应"肌肉

简短的冥想练习是帮助你减少自动化反应的绝佳方法。随着时间的推移,正念练习和自我关怀练习将帮助你变得不那么被动,你会更加接纳你自己和孩子。这是一个循序渐进的过程。考虑到家庭、工作和其他事务带来的日常压力会占用你的时间和精力,我会教你一些简短的正念练习,这些练习可以直接对你的生活产生积极影响。我们可以从每天 5 分钟的正念冥想开始。

冥想是一种通过训练你的注意力来减少压力并降低反应性的方法,这与宗教无关。无论是商业领袖、知名人士,还是监狱中的服刑人员,来自不同领域和不同社会阶层的人都在采用冥想这一工具来提升身心健康。就如同我们通过锻炼身体和摄取均衡营养来维持生理健康一样,冥想则是我们滋养心灵、维护心灵健康的一种方法。要练习冥想,你只需要呼吸。

每天选择一个固定的时间来养成冥想的习惯。你可以每天早起几分钟,开始一天的正念练习,它将为你接下来的一天定下基调。当然,也有许多人选择在晚上练习。对父母来说,要找到几分钟不被打扰的时间是尤其不容易的。无论是清晨、午餐间隙,还是孩子午睡时,每天尽量找到固定的时间练习。你的目标是将冥想变成日常生活中像刷牙一样自然的习惯。

不要跳过这项基础性的工作,不要以为你可以简单地阅读而不用实际做练习。仅仅阅读有关网球的书籍并不能使你成为一名好的网球运动员!每天花几分钟来练习正念冥想,可以帮助你在一天剩下的时间里减少自动化反应。这样想吧:如果不进行常规训练,你就无法直接让你的孩子参加足球比赛的决赛。正念也是如此，如果你想随时随地准备好迎接孩子的各种情绪，就需要经常练习。

慢慢来，从简短的正念冥想开始，然后逐渐增加每天练习的时长，最终目标是每天20分钟的正念冥想练习。你可以为每天的练习设定一个闹钟，以确保有固定的时间来练习。

练习2：静坐冥想

选择一个安静且不被打扰的环境和时间。在椅子或垫子上坐下，挺直脊背，并保持放松。

放松一些！你甚至可以在躺椅上冥想。你可以双手交叉，让两手的拇指相抵，也可以简单地以任何舒适的姿势放下手臂。设置一个闹钟，这样你就不用担心时间了。

完全地闭上你的眼睛，半闭着也可以。觉察你的呼吸和你的身体。让你的胸怀变得宽广，让你的心变得温柔和友善。在你的腹部或鼻子处感受你的呼吸，让你的呼吸变得自然。

觉察你每一次的吸气和呼气。对自己说："吸气是吸气，呼气是呼气。"

你的思绪也许很快就飘走了。这很正常！我们的目标不是停止你的所有想法，而是训练你的注意力，尽可能多地将注意力留在当下，减少分心。如果你愿意，把你的想法标记为"思虑"，然后把注意力带回到呼吸上。一次又一次，一次又一次，一次又一次。每当你发现自己的头脑迷失了方向，都将其视作一次重新开始的宝贵机会，去锻炼你的"正念肌肉"。即使你认为自己做得很糟糕，练习仍然是对你有帮助的。

通过采取友善的方式（如冥想）和持续不断的练习，你的正念能力会逐渐增强。如果你每天都做这种简单的练习，你就会逐渐变得更加理智且富有觉知力。

冥想练习可以让你重新处理大脑接收到的信息，防止你被自动化反应所左右。冥想会增强你的自我觉知能力，帮助你回到当下，而不是陷入沉思当中。当你能够回到当下时，许多焦虑和恐惧就会消失，你就可以不再被动地做出反应。

其他练习正念的方法

你可以将正念练习带到你的养育过程中去，从而变得更加冷静。正念有助于提醒你保持平静，并帮助你降低整体压力水平。首先，你需要找到一项每天用来练习正念的活动，带着友善和好奇的态度去观察这项活动，利用它来放慢生活的节奏。

练习 3：关注日常活动

我们已经深入地体验了如何练习正念饮食。现在让我们以洗碗为例，来看看日常生活中的其他活动。大多数人都倾向于在头脑自动驾驶的状态下洗碗，因为这是一件太平常的事情了。尽管洗碗很平常，但事实上，它既能让人感到轻松愉悦，又能作为培养正念能力的基础练习。

慢慢地洗碗，不必着急，感受温水在你手指间流动的感觉，关注盘子和杯子碰撞的声音，留意肥皂泡沫的形状和变化。让自己享受把污渍清洗干净的这段体验。当你发现自己开始思考其他事情时，承认你的思绪已经游离，并将注意力重新集中在清洗的过程中，专注于你的每一个动作。

禅师、正念领袖、和平活动家一行禅师（Thich Nhat Hanh）在其著作《正念的奇迹》（*The Miracle of Mindfulness*）一书中解释了这项任务：

> "放松地洗碗，仿佛每个碗都是你冥想的对象。把每一个碗都视为神圣的存在。用你的呼吸指引自己，防止思绪游离。不要急于结束，把洗碗想象成你一生中最重要的事情，全心投入其中。"

你会选择什么样的活动来练习正念呢？不妨选择一项你过去常常在无意识状态下完成的日常习惯性任务，比如淋浴、从停车场走到办公室、照顾孩子，或者你日常生活中的任何其他琐事。

在你的身体里扎根

活在当下最快的、最简单的方法之一就是练习关注你的身体。你可以真切地"找回你的感觉"——感受活着是什么样的感觉。当你觉察到身体的感觉时，你就在此时此地。你感受不到昨天或者明天，只有现在。身体是你进行正念练习的天然锚点。

在养育过程中那些富有挑战性的时刻，关注身体感觉可以让我们与大地建立联结，我们将觉察重新带回身体，就如同在大地上深深扎根。身体是有重量的，它提供了一种扎实的平衡感，可以帮助我们调和浮躁的头脑中产生的想法和持续不断的思考。当我们开始关注自己身体的时候，我们的意识便回归到了地球上的物质存在的基石之上，从而达到了身心和谐的状态。就像其他形式的冥想一样，对身体的关注可以提高我们的注意力，减少我们的压力。

◉ 练习4：在你的身体里扎根

遵循下面的引导语，帮助你与自己的身体建立联结，摆脱"待办事项清单"的思维方式[1]，释放你被压抑的情绪。你越多地练习对自己身体的觉察，就越能看到并感受到在愤怒之前所产生的具有挑战性的情绪。

舒服地坐下或者躺下。觉察身体接触物体表面时的触觉和压力感。深吸一口气，感受胸部是如何扩张的。呼气，感受身体是如何放松的。

把你的注意力集中到你的手上。你能感受到那里有刺痛或颤动的感觉吗？把你所有的注意力都集中在手的感觉上，停留一小会儿。对你的感觉保持好奇心。

你能感受到你的脚有类似的感觉吗？你身体的其他部分呢？你可能会产生愉悦或不愉悦的感觉。试着不加评判地觉察这些感觉，并在每次呼气时放松你的身体。跟随你身体的感觉去呼吸，想呼吸多久就呼吸多久。

当你意识到你的思绪游离到一些想法上时，轻轻地放下这些想法，回来，继续感受你的身体。当你意识到你的思绪在别处游离（比如听声音）时，也要承认这一点，尽你所能地、友善地把思绪重新带回到你的身体上。

如果你发现自己在冥想和正念练习中分心了，不必担心。除非你是一位开悟的大师，或者你已经死了，否则你的思绪就

---

[1] 指一种时刻想着如何解决待办事项清单上任务的思维方式。——译者注

是会到处游离——很多次。大脑是一台思考的机器。当你全身心投入到练习中时，每天只需要很少的时间，就能得到所有的好处：更少的压力、更少的焦虑、更少的抑郁、更多的平静，以及更多的幸福感。

此外，比起玩具或课程，你的孩子更需要"你"——在所有压力和反应之下真实的你——更少的紧张，更多的临在和放松。你全然的临在会自然而然地开始抚慰你的孩子，帮助他感受到自己是被看到、被听到和被接纳的。一行禅师（2003）智慧地总结道：

"当你爱一个人的时候，你所能提供的最好的东西就是你的临在。如果你不在那里，你又怎么能去爱呢？"

更少的自动化反应，更多的临在

我们也许没有意识到，通过"贴标签"⊖，我们在家庭生活中走了很多心理捷径⊖。这种方式虽然在一定程度上提供了便利，但也可能让我们陷入定式思维，只看到那些我们早已熟悉的事物。例如，如果我们给一个孩子贴上"健壮"的标签，

⊖ 指没有具体问题具体分析，而只是根据之前的主观印象给人或事物加上一个名目。——译者注
⊖ 在这里指通过"贴标签"，我们可以更快速地加工信息，做出决策，节约了我们的认知资源。——译者注

而给另一个孩子贴上"聪明"的标签，我们就限制了孩子的可能性。比较是很自然的，但有时候，我们太过表面地由标签来定义孩子。我们对孩子行为和态度先入为主的观念阻碍了我们真正地看到孩子。

孩子是不断变化着的，而标签是静态的，因此我们必须意识到我们给孩子贴的标签可能是不可靠的。此外，这些先入为主的想法可能会成为一个自证预言（self-fulfilling prophecy）[⊖]——我们的孩子没有辜负我们的负面期望。

我们走捷径的另一种方式是遵循惯例。家庭生活是重复的：做饭、收拾桌子、洗碗、准备睡觉。这些惯例帮助我们更轻松地度过一天又一天的生活。缺点是，我们可能会失去用新鲜的眼光看待事物的能力。我们经常整日埋头看着手机，步履匆匆，从不欣赏美丽的天空和盛开的萱草花。更令人惋惜的是，我们可能因此错过了孩子与生俱来的对世界的好奇心。

对当下和变化保持开放的态度

事实是，我们每天早上醒来时，面对的都是一个全新的孩子。孩子每时每刻都在成长着、学习着、变化着。在生物学层面上，每分钟都有成千上万个细胞死亡，成千上万个细胞新

⊖ 指人们会不自觉地按照自己的预言行事，最终导致预言的发生；也指人们对他人的期望会影响对方的行为，使对方行为的结果符合原先的期望。——译者注

生。毫不夸张地说，孩子不会永远是同一个人。正念帮助我们认识到这一事实，并让我们每时每刻都用新鲜的眼光看待我们的孩子。

在更深的层面上，不断的变化是人类存在的一个基本事实，不可否认，也无法避免。我们所有人都会衰老、生病，最终死亡。我们所有的感受最终都会被新的感受所替代。孩子的感受也是如此。当我们认为自己的感觉、行为和想法"总是如此"或"从不改变"时，我们就会感到痛苦。

想一想，当你发现你的孩子再次撒谎时，你恐惧的根源是什么呢？你很可能担心他会持续做出这样的行为，长久损害你们之间的关系，同时也毁掉他成功和获得幸福的机会。这种"总是如此"的思维方式会把我们带进令人恐惧的焦虑里。如果摒弃这种"我的孩子会一直这样"的想法，你就会以一种更加理智、更加冷静的状态来应对眼前实际发生的情况。

此外，当我们记住日常生活在不断变化这个事实的时候，我们就会更容易感激当下我们所拥有的一切，因为没有什么是永恒的，我们不是永恒不变的，我们的孩子不是永恒不变的，我们的问题不是永恒不变的，我们有很多很好的理由去练习，让自己完全临在于当下的生活之中。

"保持临在"意味着真正地看到、听到和理解你的孩子。这意味着你要放弃原有的计划和先入为主的观念，转而用一种好奇的态度来看看发生了什么。你的冥想练习将帮助你更多地对你的孩子保持临在，但你需要的不仅仅是这些。接下来的几个练习将帮助你增加对当下的觉察。

初学者思维：在每一个时刻学习

如果我们能用新的眼光去看待与孩子在一起的时光，那会是什么样的呢？我们完全能够做到这一点，这种心态被叫作"初学者思维"。这种练习可以帮助我们平息那些自动化反应，用初学者的视角去看待生活中的每一件事，把每一种状况的发生都看作一次学习和成长的机会。

当我们放慢脚步，更加正念地生活（不加评判地觉察当下），我们就会看到周围世界的丰富多彩。欣赏和享受这个世界不仅会让人感觉良好，还能减轻压力，帮助我们更加清晰地（不带偏见地）看待问题。当我们练习初学者思维的时候，就可以看到世界的本来面目，而不是一直待在我们旧观念所塑造的世界里。

把初学者思维看作一种练习，试着把你接下来的每一段经历都看作全新的体验，将它们视作给每一个时刻带来的新鲜感。本周，试着做下面的练习，它们将帮助你摆脱自动驾驶模式，跳脱出先入为主的观念，进入一种临在和好奇的状态。记住，你所做的一切练习都会使你变得更加强大。

练习5：行走中的初学者思维

尝试用一种全新的视角来体验行走的过程，就像你不知道会发生什么一样，就像你还没有行走过成千上万次一样。

用心地观察小路、树木或混凝土，以及周围的建筑和风景。试着留意一下你通常会忽视的细节。

留意行走途中周遭物体的质地、味道、气味和外观。用心地感受，就像你还不知道你将会走到哪里一样。

练习6：用全新的视角看待孩子

想象一下，这是你第一次见到你的孩子。你用全新的视角看他，好奇他是谁，就仿佛你在他的成长过程中从未见过他一样。

用心地看看你的孩子：他的头发、他的微笑、他的衣服和鞋子、他移动身体的方式。保持好奇心，试着去看一些你平常不会留意的细节。带着好奇而不是评判的态度，观察你的孩子与其他人互动的方式。用心去观察，并允许自己感到惊讶。

通过经常练习初学者思维，你会更容易看到孩子现在的样子，而不是你头脑中过去的他。有了这种态度，你就不会用标签来限制孩子的可能性（或者你自己的可能性）。你可以更加全面地、更加开放地看待你的孩子。

承认：说出你所看到的

我们可以有意地在生活中与孩子一起练习正念，运用心理和言语上的"承认"策略，即接纳并明确指出当前正在发生的实际情况。在接下来的小节里，我将向你说明我们通常是如何忽略"承认"这一步骤的，并示范如何将其融入我们和孩子日常的正念练习中。

正念地承认孩子当下的感受

我经常看到这样的场景：一个孩子走到父母面前，表现出明显的不安。父母想让孩子感觉好一些，所以直接跳到试图解决孩子问题的步骤上。他们通常会说，"为什么我们不……"或"你可以这样做来替代"。父母给出了一个解决方案，并解决了问题，对吗？

然而，这样的回应使父母错过了一个与孩子建立联结的好机会。父母跳过了"承认"这一强大的步骤——承认孩子那一刻的经历。"承认"表示我们看到并接纳了某件事情的真相或存在，比如孩子受伤的感受。

承认对我们的孩子来说具有一种神奇的力量。孩子非常需要我们承认他的想法和感受——真正地听到和看到他。作为父母，我们往往急于跳过这一步骤，想直接着手解决孩子的问题。然而，事实上，当我们说出我们所看到的时，孩子会感受到被看到和被听到，这几乎可以改善任何情况。

凯伦的故事

到离开游乐场的时候了，4岁的亚瑟玩得正开心。他不想离开，但他一会儿需要去看医生。当亚瑟开始抗议时，他的妈妈凯伦想到了"承认"的方法。凯伦对亚瑟说出了她所看到的："我知道，你一点也不想去看医生。你希望你能留下来继续玩。不过，我们必须要走了。"尽管亚瑟并未立即对妈妈的话做出了积极回应，但在离开的时候，他并没有像往常那样大哭大闹。他感觉自己被看到了，被听到了，他的感受得到了尊重。"承认"意味着对孩子表达："我看到你了。"

对负面情绪的承认

承认我们的感受是一种正念的表达方式，可以让激烈的情绪迎刃而解。你对你的孩子感到恼火吗？大声说出你所感受到的："我现在脾气很暴躁。"简单地承认这一点可以让你感受到巨大的释然，同时也能让你的孩子明白你正在体会的情绪。这是一种"双赢"的方式，一方面，你会感觉稍微好一些；另一方面，你也在为你的孩子树立正面的情感表达的榜样。

愤怒通常是其他底层情绪积累升级的结果（我们将在后续章节中深入讨论这一点）。通过练习"承认"，你有时可以在愤怒发生前阻止它。当我真诚地对女儿说"我现在很生气"时，我被压抑的情绪得到了缓解。"承认"让我后退了一步，给情绪留出了一些空间。

然而，我们通常会试图控制愤怒。如果我们把自己的感受塞满，会产生什么样的影响呢？想象一下，把一个充气的沙滩球压到水面下，它迟早会比以前更有力量地弹出来。不要去试图控制我们的愤怒，取而代之的是，练习用语言去承认发生的事情。当你这样做的时候，你就会激活你的语言前额皮质，进而释放累积的压力。

冥想中的"承认"

正念冥想让我们承认自己当下的想法、感受和身体感觉。在冥想中，我们将注意力集中在每一个当下，而不是对它设定"应该如何"的预期。如果你感到焦虑和易怒，承认这一点，并允许这种感觉存在。如果你感到身体不舒服，就承认这一事实，而不是试图否认它并强忍痛苦。如果你在冥想练习中思虑着未来，也承认这一点。

这在生活实践中是什么样子的呢？在心里说出你所看到的就可以了。在冥想中，这被称作"标记"（noting）。在我的冥想经历中，我经常发现自己的头脑在为即将到来的一天做着计划,所以我在心里记下"计划"一词。如果你发现自己焦虑不安,就在心里记下"焦虑"一词。

在冥想和日常生活中练习"承认"的方法,可以让你体验"承认"带来的解脱。下面的练习介绍了如何在日常生活中做到这一点。

练习7:承认

在接下来几天的时间里,练习对自己和孩子说出你所看到的。这会把你带回到当下,并承认实际正在发生的事情。

(1)想要觉察内在的感受,就得向内看。说出你所看到的。你是否觉得自己脾气不好呢?你疲惫吗?试着说:"我现在感觉脾气很糟糕。"

(2)留意你的孩子身上发生了什么事情,并说出你所看到的。用语言承认孩子的感受。试着说:"你感到不高兴是因为到了睡觉的时间,这意味着你不得不中断正在进行的游戏或活动,你希望自己可以继续玩耍,不必立刻去睡觉。"

当你练习"承认"的时候,你会开始觉察到自己的感受和他人的反应。在日志中记下你的观察结果。当你看到积极的变化时,你的新习惯就会得到强化。

对消极想法的"承认"

"承认"也可以帮助我们对冥想之外可能困扰我们的想法产生一些新的视角。我们的头脑中常常会涌现出一些吸引我们注意力的想法，它们以文字或者画面的形式呈现，无论是否反映了现实，这些想法往往都会将我们的关注点从当下有意义的生命体验中带走。比如"我是个失败的家长"这样的消极想法，会很容易把我们拖入负面情绪的漩涡中。

与其让这些想法支配你，不如打断它们，从这些想法中解脱出来。怎样才能做到呢？把"我有一个想法……"这句话放到你的负面想法之前。这种"承认"给了你一些空间，让你从无益的想法中解脱出来，这样你就可以选择关注当下这个时刻。

⦿ 练习8：从消极的想法中解脱出来

诸如"我不够好""我是个失败的家长"之类的消极想法会吸引你的注意力，分散你与孩子相处时的专注力。消极的想法也会阻碍你做出明智的选择。你可以通过"承认"来打断这些无益的想法，从而将正念带入到日常生活中。你可以遵循以下步骤：

（1）当你感觉到紧绷、压抑、烦躁或悲伤的时候，意识到它们，然后觉察这些感受，以及这些感受背后的想法，例如，"我害怕自己在这方面表现得很糟糕"或者"我的孩子出了一些问题"。

（2）在脑海中把"我有一个想法……"放到这些无益的想法之前。例如，"我有一个想法，'我没有为我的孩子做得足够好'。"

（3）呼吸。然后立足于清晰的认知，决定你的下一步行动。

从消极想法中解脱出来并不意味着这些想法将永远消失。我们的大脑会继续给我们编织各种故事。然而，从这些想法中解脱出来可以帮助我们更加有意识地选择我们的行动。

陷入消极的想法之中会妨碍你去做对你来说非常重要的事情，比如关注你的孩子。把打断无益的想法作为一种定期的练习。

让觉察和承认成为改变家庭文化的强有力的方式。培养"说出你所看到的"这一习惯，可以让你意识到究竟发生了什么——对孩子的觉察，对自己感受的觉察，以及对冥想练习中感受的觉察——一种真正的清晰感将会随之而来。正念给了我们空间，让我们可以选择下一步要对孩子说什么。

减弱养育过程中的反应性

我们的反应性时刻是养育过程中最糟糕的时刻。当应激反应绕过大脑中理性和共情的部分时,混乱的命令、威胁和吼叫就会从我们的嘴里冒出来,把我们的孩子推开,使孩子不太可能愿意长期配合我们。

尽管我们的大脑反应通路在紧急情况下可能是有帮助的,但在大多数情况下,当我们能够冷静下来去应对压力时,我们会成为更有效率、考虑更周全的父母。正念冥想是一种经过研究证实的方法,随着时间的推移,冥想可以帮助你一点一点锻炼出不反应的肌肉。这就是为什么正念冥想是一项基本技能,它会让你对生活中的各个方面都有更加清晰的认识。你不一定要在正念和初学者思维的练习中做到"完美",但你需要觉察这些练习是如何改变你的养育经历的。

在下一章中,我们将更加深入地探讨自我觉知领域,看看我们是如何被自己的父母养育的,以及那些烙印在我们内心,塑造了我们现在的养育观念的故事。你将学会去觉察那些触发你做出反应的事情,并掌握一些实用方法,以帮助你在遇到紧张或有挑战性的情境时冷静下来。

现在,通过练习让这不仅仅是一种思维锻炼。你可以的!

本周练习

- 正念吃葡萄干
- 每周 4～6 天,每次 5～10 分钟的静坐冥想练习
- 正念地进行日常活动
- 练习"初学者思维"
- "承认"练习
- 从消极想法中解脱出来

第 2 章

解除你的情绪触发器

"父母的自我觉察是预测孩子幸福感的最佳指标。"

——丹尼尔·西格尔（Daniel Siegel）

在从父母那里学到的经验中，有很多美好的品质是你希望传承给孩子的：创造力和鼓励、开放且坦诚的沟通，以及你妈妈特制的煎饼食谱。反应性？爆炸性的愤怒？哦，不。

当你养成稳定的冥想习惯后，你会发现，随着时间的流逝，你的反应性会逐渐降低。这无疑会对你易怒的问题有所帮助。但除此之外，你还可以采取更多的行动来挖掘你内在的"正念妈妈"或"正念爸爸"，这些行动能够帮助你以更平和、更具觉知的状态来应对日常生活中的挑战。在这一章中，我将分享一些练习，帮助你理解你的反应为什么会被触发。在实践的基础上，我们还将讨论如何减少对孩子的吼叫。接下来，你还会学习更多的练习来帮助自己冷静下来，在情绪激动的时候，变得不那么被动。

孩子教给我们的

做父母的最初几年里，我们会觉得自己几乎完全失去了理智，承受着巨大的心理压力。当我们进入与孩子的亲子关系中时，我们很难意识到自己背负着多少来自过去的心理包袱。

当我女儿不听我的话时，潜藏在我内心的一些过去未被解决的问题就会被触发，我感觉自己的声音没有得到应有的倾听。但当时，我对这一切是如何发生的毫无头绪，我只是感觉到一股愤怒涌上了我的心头，这是我过去从未有过的感觉。在我深入了解是什么触发了我之前，我责备了我的女儿。她到底怎么了？她为什么不听我的话呢？这显然都是她的问题，不是吗？如果我能纠正她的行为，一切都会好起来的，对吧？

孩子拥有一种神奇的力量，能够揭示我们尚未被解决的内在问题。你的养育经历让你抓狂了吗？那可能意味着你有一些内在工作需要去做。想获得一些重大的个人成长吗？与学龄前儿童在一起待 6 个月比独自在山顶上待几年更有效。这可能是心智成长的捷径。

抛开这些不说,把做父母的困难和挑战看作治愈我们旧时创伤的契机,的确大有裨益。在治愈我们的内在创伤后,我们就可以更多地与孩子保持临在,并在孩子受伤的时候成为他们的慰藉。同时,治愈旧伤也有助于我们在坚守个人界限时充满慈悲。

在这一章的开头,我引用了丹尼尔·西格尔博士的一句话:"父母的自我觉察是预测孩子幸福感的最佳指标。"这意味着,一旦我们明白了自己为什么会如此反应,是哪些旧模式和过去的创伤引发了我们的情绪,我们就开始了自我疗愈的过程,并可以选择以一种不同的方式呈现在孩子的面前,而不是重复功能失调的旧模式。这样一来,我们就能把握机会,避免无意识地将自己的心理负担传递给我们的孩子。

丹尼尔·西格尔和玛丽·哈策尔在《由内而外的教养》(*Parenting from the Inside Out*)一书中很好地解释了这一概念:

> 我们自己未被解决的问题会干扰我们,它们直接影响了我们如何认识自己以及看清我们与孩子互动的方式。当这些问题在书写着我们的人生故事时,我们在养育孩子方面的决策便不再是经过深思熟虑地选择,而是根据过去的经验被动地做出反应。我们经常试图控制孩子的感受和行为,而实际上,是我们自己的内在经验触发了我们对孩子行为的不安感受。

你一定能回忆起许多类似的情境：孩子的某些言行触怒了你，导致你外在表现的反应激烈程度远超内心实际感受的强度。我自己也曾经历过不少这样的瞬间，实际上，这是几乎所有父母都可能经历过的情形。

清楚地看到你的问题

认识到触发你情绪的根本原因将帮助你做出更深思熟虑的回应。如果缺乏这种觉察，你很可能会本能地根据自己先前形成的条件反射来处理眼前的情况，这时，你会惊讶地发现自己父母曾经说过的话不由自主地从你口中说出。举个例子，如果你意识到自己从小就相信女孩应该总是看起来干净漂亮的，那么你就会理解为什么当你的女儿赤脚走过泥巴，兴高采烈地把泥抹在脸上时，你的内心会瞬间产生强烈的不适感。你要认识到，这种不适感是属于你自己的，而不是你孩子的，你可以练习控制自己——进行深而缓慢的呼吸，并停止那些羞辱和责备孩子的旧的、有害的模式。

通过冥想练习以及你将在这一章中做的工作，你会开始理解什么时候你正处于临在的状态，什么时候你正在对孩子做出深思熟虑的回应，什么时候你正在摆脱过去的条件反射模式。这会增强你的自我觉察能力，从长远来看，也会让育儿之路变得更加顺利。知道你的反应来自你自身，可以帮助你在育儿中遇到挑战时后退一步。我们可以深深地呼一口气，再深深地吸一口气，甚至可以暂时走开，以恢复某种平衡，而不是在孩子弄洒了果汁时大发雷霆。不过，请记住，在养育孩子的过程中我们作为家长，有些时候是有觉察的，有些时候是没有觉察的——这没有关系。你的目标是每天一点一点地增强自我觉知能力。不要指望自己一下子变成一个极具智慧的、完美的家长。

萨姆的故事

萨姆从她大学招生顾问的工作中抽出了一部分时间，待在家里陪她两岁的女儿和刚出生的儿子。一天下午，她刚打扫完房间，女儿就把橙汁洒得厨房地板上到处都是。萨姆失控了。她的脑海中不断回响着这样的想法："我不敢相信自己刚刚花费了那么多时间和精力来打扫这所房子！她甚至都没有道歉，完全不考虑她的行为造成了什么样的后果！"

通过下面的练习，她发现是她自己过去的创伤在驱使着她的许多感受和行为。她的触发器是"完美主义"。萨姆从小就相信外表很重要。她意识到自己的反应对于一个蹒跚学步的孩子来说是多么地过分。通过回溯自己的成长过程，萨姆看到她的愤怒来自她自己的条件反射。

当她的女儿没有立即听她的话时，萨姆还发

现了自己心里的一处旧伤——在她小时候没有人听她说的话。她意识到她自己被忽视了，没有被看到。通过花时间去看到这些问题，她想起她的家人经常告诉她不要"太敏感"，要"坚强起来"。她被压抑的感受驱使她做出更具攻击性和愤怒的反应，这超出了当时的实际情况。她深知，如果这些问题继续被忽视且得不到解决，那么这些心理负担将不可避免地传递给她的孩子。

如果我们从不审视过去的创伤和诱因，继续任由过去的习惯做出反应，就很可能会把伤害传递给我们的孩子。当我们意识到这些创伤时，我们就可以做到自己背负自己的包袱，而不是将其延续下去。把这看作一个治愈创伤的机会，不仅是为了你自己，也是为了你的孩子。

回溯你的童年

你不必重蹈你父母和你祖父母的覆辙。审视自己的童年可以帮助你挣脱过去的束缚。当你回顾你的过去时，你可能会发现许多积极的种子，你想要把这些宝贵的品质传递给你的孩子。同时，你也可能经历了一段艰难的童年时期，那些伤害和痛苦已经成为你反应的催化剂，但其实，它们也是你现在所拥有的力量和韧性的催化剂。更强的自我觉知能力会让你对自己和他人怀有更多的慈悲，也会让你有可能选择新的生活方式，而不是无意识地重复过去的模式。

准备好了吗？下面的练习将帮助你开始了解你童年的经历是如何影响现在的你的。不要试图跳过这一步！你可能会想，我回忆自己的童年已经足够多了，我不需要这一步。跳过这一步将是不明智的，因为通过探索过去，你可以对自己有更加清晰的理解，这将促使你对自己产生全新的认识。

◉ 练习 1：回顾你是如何被父母养育的

写下你对这些问题的回答，这将使你对自己的行为有更加清晰的理解，有助于你清楚地看到你对你的亲子关系的影响。这可能是一项深度且情绪化的工作。你需要花时间去消化这些信息，可以出去散散步，或者好好睡一觉，然后写下你从这次练习中得到的结论。与你信赖的朋友或心理医生谈论你所写的东西也是一个很好的主意。

你的家庭中有哪些人，和他们一起长大是什么样的感觉呢？

你小时候和父母相处得怎么样？随着时间的推移，你们的关系发生了怎样的变化呢？

你有被父母拒绝或威胁的感觉吗？在你的童年时期，有没有让你感到痛苦的经历？这些经历会影响你现在的生活吗？

在你小时候，你的父母是怎么管教你的呢？那时，你对他们的管教有什么样的反应呢？你觉得这对你现在的父母角色有什么样的影响呢？

你还记得你最早和父母分离的情景吗？他们的表现是什么样的？你和父母有过长期的分离经历吗？

当你感到难过或者你犯错误的时候，你的父母是如何回应你的呢？这让你感觉如何？你的父母会使用什么样的语言呢？当你高兴或兴奋的时候，他们会做出什么样的反应呢？

你童年的经历对你成年后的人际关系有什么样的影响呢？你会不会因为小时候发生的事而努力回避某些事情呢？你有想要改变的行为模式吗？总的来说，你认为你的童年对你的成年生活产生了怎样的影响呢（包括你对自己的看法和你与孩子的相处方式）？在理解自己和与他人的相处方式上，你想改变什么？

最重要的是，我希望你记住一点：当你更多地了解自己，更多地意识到过去或现在的不足时，羞愧和自责并无益处。在整个练习过程中，培养一种对自己友善和慈悲的态度至关重要。

请深入思考这些问题并给出你的答案，也许你可以将它们分享给你信任的人，在这一过程中，你获得的洞察力将有助于你看到自己在亲子关系中所扮演的角色以及产生的影响。如果你感觉存在很多困难，也不要绝望！尽管童年的事件在当时无法被我们所理解，但我们有可能在成年后理解它们，并看到它们是如何影响我们的。解决过去的伤痛有时意味着我们必须要面对随之而来的不舒服的感受。

当你在思考上面的问题时，你可以随时跳转到第 4 章，在那里我给你准备了更多的方法来应对你的不舒服的感受。你可能想通过写信来结束过去的伤痛，在第 7 章有一个"重新开始的信"的模板，它可以帮助你疗愈创伤。

当你准备好审视这些问题并了解它们是如何影响你的生活时，你就已经踏上了疗愈和成长之路。在接下来的章节中，我们将探讨我们目前是如何应对那些养育中具有挑战性的时刻的。

处理你的情绪触发器

在女儿两岁左右的时候，每次发怒，我都会感到非常内疚。我为什么要对这么无辜的小孩发脾气？和许多人一样，我已经习惯于相信愤怒是不好的，特别是作为一个女人，我觉得我不应该感到愤怒。在现实生活中，我们经常嘲笑自己和他人有强烈的感受，事实上，我们应当为此感到羞愧，因为这就像斥责他人呼吸一样荒谬。我们作为活生生的人，不可能感受不到情绪，包括像愤怒这样的让人感到不舒服的情绪。婴儿、其他哺乳动物，甚至是爬行动物也会感受到愤怒！因此，与其因为感到愤怒而自责，不如让我们试着去理解愤怒。

理解愤怒之火

愤怒是我们最强大的情绪之一，它的内在和外在影响可能是灾难性的。从进化的角度来看，愤怒的功能是消除阻碍我们的东西。愤怒告诉我们："在这种情况下，有些事情需要改变！"愤怒是我们行动和改变的强大动力，这在一定程度上是有益的。

愤怒的一个有趣的特点是，它会在一段时间内控制我们。当接收到的所有信息似乎都在强化我们的情绪合理性时，我们会陷入一种由愤怒引发的"不应期"（refractory period）㊀，即在接下来的几分钟乃至几个小时内被情绪所"蒙蔽"，无法清晰地思考。愤怒的能量通常是向外的，这会驱使我们责备他人、做出咄咄逼人的行为、惩罚和报复他人。对于使我们愤怒的人，我们会夸大他所有消极的方面，而对他任何积极的方面都视而不见（Cullen & Pons，2016）。

㊀ 指人们对某些刺激发生反应后，在一段时间内，即使再受到新的刺激，也不发生反应。——译者注

愤怒通常被称作"次级情绪"[一]或"冰山"情绪,因为在愤怒的背后,往往有一系列其他的情绪在驱使它:恐惧、悲伤、尴尬、排斥、批判、紧张、疲惫、恼怒等。因此,当你的孩子在公共场所失控时,尴尬可能会引发你的愤怒以及接下来的反应,使你家族中延续数代的反应模式持续下去。

重要的是你要明白,我们从小就形成了一些根深蒂固的想法和信念,它们有时是我们愤怒情绪的触发因素。比如,"孩子应该服从父母"或者"如果孩子尊重你,他就会听你的话"等文化上认同的观念,可能会在许多养育环境下给你带来很强烈的不舒服的感觉,但你甚至可能都没有意识到这一点。思考本章前面提到的"你是怎么被养育的"这个问题,可以帮你觉察到你的一些无意识信念。正念冥想练习将帮助你对自己的想法有更加全面的认识,包括可能隐藏在你愤怒之下的潜意识的想法。

吼叫:看似是解决方案,实则是问题所在

当我们对孩子感到束手无策和愤怒时,我们中的大多数人发现自己会不自觉地对孩子吼叫,尤其是当我们自己小时候经历过被父母吼叫的情景时,那时父母试图通过吼叫掌控局面,支配我们的行为。然而,这种方式很少能够真正地解决问题。

[一] "初级情绪"是我们对事件最直接、最本能的反应,而"次级情绪"是我们对"初级情绪"产生的情绪。——译者注

吼叫可能会让孩子暂时安静下来，听父母的话，但从长远来看，这并不能有效地纠正孩子的行为或态度。

吼叫会立刻激活孩子大脑中的恐惧反应机制，使得孩子出现与成人类似的应激反应（就像在上一章中所提到的那样）。吼叫会敲响孩子边缘系统的警钟，让孩子保持警惕并进行自我保护。孩子的应激反应会绕过他大脑的高级区域，导致他反抗、顶嘴、退缩或尝试逃避，而不是从中吸取教训。在这些时刻，孩子不是"行为不端"，而是在经历一种应激反应。

由于孩子的应激反应，他做不到坐着不动，无法集中注意力，也不能够学习。在我们希望孩子改变他的行为时，吼叫只会适得其反。此外，研究表明，吼叫会使儿童在身体和言语上更具攻击性（Gershoff，et al.，2010）。因此，无论从短期还是长期来看，这对孩子的行为都是不利的。

吼叫还会破坏我们与孩子之间的关系。我们与孩子间的情感纽带促使孩子配合我们，而吼叫会削弱我们引导孩子做出明智选择的能力。当我们对孩子吼叫时，孩子可能会逐渐对我们产生抵触情绪，甚至可能效仿我们的行为，向我们、他的同龄人或兄弟姐妹吼叫。因为在他看来，吼叫是一种达到目的的手段——这是我们为他树立的不良"榜样"。更令人惋惜的是，孩子有时会将吼叫误解为父母不爱他，这种感觉可能会使他一生都感到自卑。

尽管如此，也不必太过担心，你不太可能因为曾经对孩子吼叫而毁了你孩子的一生。我们所有人都会对孩子吼叫，而且经常这样做，因为我们是普通人。随着你越来越多地意识到吼叫的问题，你可以把目标定为减少吼叫。正念冥想练习将帮助你在受到惯性驱使时做到这一点。记住，你所练习的东西会日益巩固，并使你变得更加强大。

识别你的情绪触发器

正如我们在上一章中所谈到的，我们和我们的神经系统是几千代人进化而来的产物，从而使我们能够意识到威胁。面对具有挑战性的情境，我们并非主动"选择"了神经系统产生的反应（例如吼叫）。此外，童年早期发生的一些事件，甚至我们记忆中模糊或不复存在的经历，也可能触发我们强烈的情绪反应，削弱大脑理性区域对边缘系统的调控能力。

我们对情绪的反应可能是适应的，也可能是功能失调的。例如，如果我们感到愤怒，并能够有效地利用这股愤怒能量来组织一个致力于社会行动的小组，那么我们的反应就是非常有益的。然而，如果我们的愤怒导致了对自己或他人的伤害，我们就处于功能失调的一面——我们对事情的反应可能是由我们过去的创伤形成的信念所触发的。

这有助于理解为什么我们的情绪会被触发。你的孩子按下的那些"按钮"是什么呢？在下面的练习中，请你思考一下是什么触发了你的愤怒，以及你是如何习惯性地做出反应的。

◉ 练习2：你的情绪触发器和你的反应

是什么触发了你的愤怒呢？在你的阅读日志中，列出最容易触发你愤怒情绪的情境。

常见情绪触发情境（触发器）
- 感觉被误解或被反驳
- 在某些情况下缺乏控制力
- 感觉有人对你失望
- 感觉不受尊重或有不公正的事情发生
- 被排斥
- 疲倦或身体不适

你对愤怒最常见的反应是什么呢？列出你最常见的反应。

常见反应
- 责备或怨恨
- 悲伤和无精打采
- 离开使你感到焦虑的环境
- 用讽刺或消极的言论攻击

- 侮辱他人
- 避免眼神接触
- 编一个不愉快的故事
- 打断他人

一旦确定了你常见的情绪触发器和做出的反应，你便可以开始觉察它们在日常生活中是如何出现的。例如，当我们在一种困难的情况下意识到"失控"的触发器即将到来时，我们就已经中断了通常的"自动驾驶反应"。

意识到你内在的情绪触发器和愤怒可以帮助你更快地控制它。我们将在下一个练习中进一步了解你的反应。

追踪你的情绪触发器

我建议你花一整周的时间，在你每次吼叫或想要吼叫的时候进行记录。最开始的目标不是立刻改变你的行为，而是理解这些行为的根源。哪些情境会让你感到不安呢？为什么这些情境会触发你的应激反应呢？你在日志中记录的所有信息都将帮助你获得更多的洞察力，让你在日常活动、自我关怀以及家庭生活中做出相应的调整，减少吼叫的情况。

茜拉·麦克瑞斯（Sheila McCraith）在她 2014 年出版的《少些吼叫多些爱》(*Yell Less Love More*) 一书中给出了追踪情绪触发器的好建议。她提醒我们要详尽地、如实地、投入地来做这项练习,即使在我们觉得自己已经收集了足够多的信息时,也依然要坚持。追踪情绪触发器的目的是让你看到你的反应模式和趋势。觉察是做出改变的重要基础。

◉ 练习3:追踪你的情绪触发器

花一周的时间追踪你在每次吼叫或想要吼叫时的具体情况。你可以记下每一次出现的情况,或者制作图表,把它放在一个触手可及的地方,以便随时收集信息。

要追踪的信息

(1)你对谁吼叫了?

(2)发生了什么(表面触发器)?

(3)你感觉如何(深层触发器)?

(4)有人感到疲惫或者饥饿吗?

是否存在你原本可以采取的更好的处理方式呢?

意识到自己经常会对孩子吼叫,可能会令你感到沮丧。当你进行这项练习时,我希望你记住,你并不孤单——强烈的情感是人类本性的一部分。没有人期望你是完美的,你的孩子也不需要你做到完美。事实上,当你犯错误后再次尝试时,你的孩子将从你身上学习到如何不断地成长和变得有韧性。

如何减少吼叫

在我的夜间睡眠总被打断的那段时间里,我几乎每天都处于失控的边缘。我的资源几乎耗尽,当我试图深挖内在资源,以更富有共情的方式来应对孩子的情绪时,我发现我的资源库里什么都没有。当我们无法满足自己的需求时,我们就很难为孩子提供所需的支持。

降低你的整体压力水平

在减少对孩子的吼叫方面,降低我们的整体压力水平,可能是我们所能做的最有效的事情。当我们睡眠不足时,当我们承担了太多责任时,当我们不断急于将事情从待办事项清单上划去时,当我们有负面的自我对话时,我们就更有可能失去与孩子的情感联结,从而增加吼叫的可能性。

这也是"自我牺牲式父母"这一观念如此暗中为害的原因之一。当我们不断地为了孩子的需要而牺牲自己的需要时,我们和孩子都会变成"输家"。我们的孩子输了,因为他有一个经常处于崩溃边缘的、缺乏理智的家长。我们自己也输了,因为我们失去了享受生活和享受与孩子相处时光的机会。更令人担忧的是,我们无意间延续了一种有害的模式,成功地将心理负担传递给了下一代。

对你来说,这是否有接近真相的令人不安的感觉呢?如果有的话，我建议你写下你心中"好的父母为孩子牺牲自己"这个观念是从何而来的。当你开始更多地意识到这种（通常是潜意识的）信念时，你就可以打破这种模式，做出新的选择。

我想让你意识到，自我关怀并不是自私的行为，恰恰相反，这是你应尽的责任。是时候为你生活中的压力水平负责了，你需要做出一些选择来降低你的整体压力水平。整本书都在讨论如何减压，但现在，我要给你介绍三件最重要的事（除了正念冥想外），来降低你的整体压力水平：

- **有规律地锻炼身体**。锻炼对你的身心都至关重要，它提供了释放压力的途径，并帮助你的身体产生内啡肽，这种化学物质能提升你的整体幸福感。找一种对你来说有趣，并能让你流汗的锻炼方式吧。
- **保证充足的睡眠**。睡眠不足会对你所做的每一件事以及你的每段关系都产生负面影响。你可以做很多事情来改善自己的睡眠习惯，包括使用时间管理策略来给睡眠腾出更多的时间，或者使用一些放松的技巧来帮助入睡，并获得整晚高质量的休息。
- **与朋友或家人共度时光**。社会支持能够显著提升你的身心健康水平和幸福感，并为应对压力创建一个缓冲带。朋友可以在你悲伤的时候帮助你，在你困惑的时候给你提供见解，在你需要释放压力的时候帮你找些有趣的事做。因此，请务必优先安排与亲朋好友共度的时间。

有规律的正念冥想练习可以帮助你减轻压力。它还会在你的非冥想时间里帮助你中断反刍（rumination，一种反复思考，引发焦虑的习惯），并变得更加临在。你可以每天做多次短暂的冥想练习来帮助自己减轻压力，或者在睡前练习冥想帮助自己入睡。

确保满足自己对睡眠、锻炼、冥想和与朋友共度时光的需求，是作为父母的你追求更幸福生活的必要条件。与此同时，你也在为孩子树立一个关于如何生活的良好榜样。诚然，你自己的需求有时可以延迟满足，而婴儿的不能，但这也不是无限期的。孩子会从你的生活方式中学习，你是希望孩子向你学习以一种健康的方式照顾自己和自己的需要，还是学习以缺乏自尊和自我价值的方式对待生活呢？你想给你的孩子带来什么呢？

当情况焦灼时，让怒火冷却下来

正念冥想和降低整体压力水平将有助于减少你被触怒的可能性，但不可避免地，你还是会有失控的时候，在那些时刻，你可以做些什么呢？

愤怒是棘手的，因为表达愤怒和压抑愤怒都是有代价的。压抑愤怒只会推迟问题的产生，而愤怒却在表面之下悄悄酝酿，对你的身体造成严重的损害。但如果我们表达出来，就有可能伤害我们爱的人。那我们该怎么办呢？值得庆幸的是，还有第三条路。

愤怒是一种能量，需要通过我们的身体传递，所以我们可以正念地觉察这种感受的升起，并让愤怒的能量在我们的身体里流动。我喜欢把这称作"照顾"我们的愤怒：释放愤怒的能量，让神经系统平静下来。

我们可以练习降低反应性，这有助于我们形成一些新的反应。这些新的反应不会花费你太多的时间（有时只需要几秒钟，至少不会超过你吼叫的时间），但是你的新反应会像你要锻炼的肌肉一样。一开始，尝试以全新的方式回应孩子可能颇具挑战性，但它带来的回报（加深你与孩子的联结并提高孩子对你的配合度）是非常值得的。

后退一步

当你即将失控的时候，你的神经系统会感受到威胁和阻碍。所以你必须让你的身体和大脑知道你此刻是安全的。要做到这一点，一种方法是后退一步，暂时走开。只要孩子是安全的，去隔壁房间要比对他吼叫好得多。在我的女儿还很小，每天待在婴儿床上的那段时间里，每当她不听话的时候，我几乎都要爆炸了。我会把她放在婴儿床上，走出她的房间，走到我卧室的阳台上，关上门，深呼吸，冷静下来。当你的情绪即将失控时，暂时走开是一个明智之举。

通过自我对话让自己冷静下来

我们可以通过向自己传递"这不是紧急情况，我能够应对"的信息，让神经系统明白当前是安全的。这样的表达有助于激活我们的语言前额皮质功能，从而降低应激反应水平。你可以试着说"我在帮助我的孩子"，以此提醒你的神经系统，你的孩子不是威胁。这些都是运用思维的力量让身体平静下来的方法。

摇走愤怒

还记得应激反应是如何使你的血压升高、肌肉紧张，并使你的生理系统准备战斗的吗？当你生气的时候，愤怒在你的身体里积聚了多余的能量，你需要把它们释放出来。不要试图摔打枕头或吼叫——你所练习的东西会日益巩固，并使你变得更加强大。

取而代之的是，试着摇走愤怒——通过摇晃你的手、胳膊、腿和整个身体来释放能量。自然界中的许多动物每天都会自然地摇晃数十次，以缓解压力造成的影响。年幼的孩子会本能地通过摇摆动作来舒缓自身的紧张感。虽然这样做可能会显得有些滑稽，但你将感到轻松畅快。事实上，在这个过程中，如果你能自我调侃一番，那将是一个额外的奖励——要知道，笑是愤怒情绪的天然解药！

体式练习

瑜伽为我们提供了多种有益的身体和呼吸练习，有助于安抚我们的神经系统。一个简单而有效的方法是通过前屈体式来释放紧张能量并恢复平静：从站立姿势开始，微曲膝盖，如同布偶般慢慢弯下腰。或者尝试采用婴儿式体式：以跪姿起步，双脚并拢，双膝分开，然后将身体向前伸展，让额头触碰地面，双臂可沿着身体前方伸展或向两侧伸展。这样的体式能阻断外界干扰，引导我们将注意力转向内在世界。同时，深度的呼气可以有效地释放紧张情绪。

呼吸

"做一个深呼吸"这一建议虽然是老生常谈，却有坚实的科学依据：当你进行深呼吸时，你体内的氧气含量得到了提升，向神经系统传达"一切都好"的信号。这一过程有助于降低你的心率，为你营造平静和放松的感觉。

◉ 练习4：通过呼吸释放压力

有很多关于呼吸的技巧，这里介绍其中的两种，它们可以帮助你从应激反应中脱离，转而进入一种放松、平和的状态。在一天中的任何时候，你都可以进行这项呼吸练习，通过呼吸来释放紧张情绪。这样做不仅有助于你放松下来，同时在未来遇到具有挑战性的育儿时刻时，你也会更容易回想起这些技巧，并付诸实践。

三段式呼吸

三段式呼吸（three-part breathing）也被称为"完整的呼吸"，可以帮助你产生平静和放松的感觉。把每一次吸气和呼气分为三个部分，其间是非常短暂的停顿。

（1）慢慢地用鼻子吸气，让空气深入肺底，充盈整个腹腔。暂停一下。

（2）然后，吸入更多的空气，填满胸腔。暂停一下。

（3）下一步，让空气填满胸部乃至锁骨。暂停一下。

（4）接下来，通过鼻子呼气，放松胸部，让锁骨下的空气自然排出。暂停一下。

（5）然后，放松胸腔，释放更多空气。暂停一下。

（6）最后，收紧腹部，释放剩余的空气，完成呼气。

（7）重复4次或根据需要重复多次。

5-8式呼吸

数呼吸可以迫使我们的大脑专注于当下，将注意力从感知到的压力源上移开。5-8式呼吸（five-eight breathing）——这种深呼吸有助于让我们的身体平静下来。

（1）用鼻子深深地吸一口气，在吸气时，从1数到5。

（2）将气体从鼻子或嘴里慢慢地呼出，在呼气时，从1数到8，在数到8时将气体全部呼出。

（3）重复4次或根据需要重复多次。

制订你的个性计划

我们对困难养育时刻的反应是多种多样的，因为每个人都不一样，每个人的经历也不一样。在你成长的过程中，你的父母可能会在他们生气的时候退缩或消极抵抗。也许，你可能会像我一样吼叫，表现出成年人暴脾气的代际模式。因为我们过去的经历千差万别，所以没有完美的"一刀切"的解决方案，来帮助所有人渡过困难的养育时刻。

在接下来的练习中，你将为自己量身定制一套个性方案，以一种更巧妙的方式来应对困难情境——那些你通常会失控吼叫的时刻。此外，你将在本书的第二部分学到一些具体的沟通技巧。但现在，你可以通过计划和预演新反应来帮助自己减少吼叫。

◉ 练习5：创建你的"减少吼叫"计划

预先规划在孩子遇到困难情况时，你理想中的应对策略。当你感到愤怒时，提前预演你的应对策略将大大提升你避免吼叫的可能性。从下面的列表中选择一些练习，然后在阅读日志中写下你的计划，或者把它张贴在一个你触手可及的位置上。

- **告诉自己你很安全**。"这不是紧急的情况。我可以处理好这件事。"

- **用一句口诀来保持你的洞察力。** 当你感觉情绪要爆发的时候，对自己重复几次："他是独一无二的，他是独一无二的……"或"我不必在这里'赢'，我可以让孩子保全面子㊀"或"选择去爱"。
- **为自己创造一句口诀。** 提醒自己，你可以选择保持冷静。下面是一些有帮助的口诀。

"我是忍者妈妈。"
"当孩子开始哭闹时，我变得更加冷静了。"
"我像平静的水一样。"
"我选择平和。"
"放松，释放，微笑。"
"这一切都会过去的。深呼吸。"
"保持友善。"
"让一切如其所是"

- **休息一下。** 当你意识到自己即将失控、接近情绪崩溃的边缘时，把你的宝宝或学步期的孩子安置在一个安全的地方，比如婴儿围栏里或婴儿床上，然后暂时离开几分钟。
- **5-8 式呼吸。** 吸气，从 1 数到 5。呼气，从 1 数到 8。（参见前面的练习）

㊀ 指保护孩子的自尊心不受伤害。——译者注

- **叹一口气。** 这能够帮助你放松。至少重复五到六次。
- **"冷静、平和、微笑、释放"。** 用这四个词帮助你正念地呼吸。当你吸气时,默念"冷静"。当你呼气时,默念"平和"。当你吸气时,默念"微笑"。当你呼气时,默念"释放"。
- **正念行走。** 缓慢地、带着觉察地行走。呼吸,释放你的愤怒和挫败感。吸气,放下一只脚,呼气,放下另一只脚。正念地行走,释放你身体内的紧张。
- **像老师一样去思考。** 不要把孩子的不当行为视为他的个人行为问题,而是看作一次学习的机会。问问自己:我的孩子需要学些什么呢?我要怎么做才能教给他呢?
- **用低声说话替代。** 当你降低说话的音量时,你几乎不可能保持愤怒的语调。这或许能帮助你在应对这种情况时发展出一种幽默感。
- **使用滑稽的声音讲话或者扮演一个角色。** 把你的能量用在扮演机器人身上吧!
- **绷紧,然后放松肌肉。** 这会让你冷静下来。
- **摆出婴儿的姿势。** 参见本章前面的"体式练习"。
- **等待 10 分钟或 24 小时。** 你可以等 10 分钟,甚至等到第二天,再回来和孩子谈谈他不恰当的语言或行为问题。
- **向其他成年人寻求帮助。** 把情况说清楚,这会使你冷静下来。

如果你对这些技巧尚不熟练,起初你可能会觉得有些不自在。不妨接纳这些感觉,允许自己"先假装,直到做到",因为当你不断练习时,你将在大脑中搭建出新的神经通路。记住,你所练习的东西会日益巩固,并使你变得更加强大!

选择上面的三四种方法定期练习,以养成新的反应习惯。如果你一时之间忘记了新计划,也不用担心,我们的首要目标是尽早意识到自己的反应模式。起初,你可能在吼叫之后才回想起这个新计划,这是非常正常的,只要继续努力就好。你可以在你的房间墙壁上张贴提醒(我是便利贴的铁杆粉丝)。只要你坚持不懈,不断地提醒自己,坚持"不吼叫"的目标,你会逐渐在吼叫时想起你的新计划,再之后,你会在吼叫前就想起它。

当我们开始学会妥善处理愤怒情绪,让它以适当的方式得以宣泄时,我们就能更充分地关照我们的孩子以及他们的强烈情绪。如果我们能够在孩子产生情绪波动的时候保持冷静,并陪伴他们共渡难关,那么我们就传递了一个重要的信息:拥有强烈的感受并没有什么"错",这是人性的一部分。

看看我正念养育课程的学员瓦莱丽在这一领域分享的惊人胜利吧。

瓦莱丽的故事

今天，当我3岁的孩子崩溃时，我一下子顿悟了。他试图破坏东西，把他能找到的任何东西都扔出去。我不得不启动练习模式，一边试图保持冷静，念叨着"我不能让你受伤，也不能让你破坏东西"，一边阻挡他的行为，确保既保护了物品免遭破坏，也保障了他的身体安全。期间，我不断地念着口诀："我在帮助你。"然而，即便如此，5分钟后，我仍能感觉到自己的愤怒在逐渐攀升。

我检视自己，意识到自己正陷入过去已察觉到的旧模式中，即无法接纳孩子的强烈情绪，并对他的行为作出评判，错误地将他的行为解读为是在针对我。意识到这些后，我就能够重新恢复冷静了。

然而怒火并没有熄灭，几分钟后，我感觉到自己的愤怒再次升起。我再一次检视自己，这一次我意识到我在想，为什么他会是现在这个样子呢？我做了什么，还是没做什么？我做什么可以使情况变得更好些呢？嗯，我一定是做错了什么……

在那一刻，我突然意识到，没有什么需要弄

清楚的，除了全心全意地在那一刻和他待在一起，我没有什么其他的事情要做，不是因为他在发脾气而评判他，而是要向他表达爱。他可能午餐吃得不够多，现在太饿了……我意识到这并不是我的错！事情就是这样。他只是在用一种很强烈的方式发泄他的沮丧情绪。

不断地质疑和评判自己只会让我在那个当下变得更加被动，从而没有办法和孩子完完全全地待在一起。我需要学会接纳他的情绪，而不是小题大做（我正在学习放下"我出了什么问题"的想法）。在那些时刻，我需要通过呼吸来提醒自己，除了全然接纳孩子本来的样子、保护他的安全，以及守住不让他在沮丧中破坏东西的界限，我没有其他的事情要做。

呼！我挺过来了，在事情过去之后，我和孩子在沙发上拥抱在了一起。

妥善处理自己的强烈情绪有助于你与孩子之间建立更加稳固和谐的关系。当你练习这些方法的时候，你将给你的孩子一份我们大多数人从未拥有过的礼物——一个会妥善处理自己愤怒情绪的榜样。如果你能在孩子表现出强烈情绪的时候陪伴他，而不是对他的情绪感到羞愧，孩子就会发展出一种健康的情绪认知——所有的情绪体验都是正常的、可以被接纳的。随着时间的推移，你的努力将会改变整个家庭的氛围，创造更多的平和与自在。

解除你的情绪触发器，变得更加临在

对于大多数人来说，在内心的愤怒被触发时，我们并没有学会应该如何处理，因此，当这种情况不可避免地出现时，我们往往会感到无所适从。通常情况下，我们的反应方式可能会效仿父母：大声吼叫，甚至情绪失控。学习应对我们的愤怒情绪是一种有效的练习。当我们学习如何在自己的身上做到这一点时，一举两得地，我们也在为我们的孩子树立以慈悲的心态和有效的策略管理情绪的榜样。

我们可以通过多种途径来应对自身的愤怒情绪。这可能包括回溯童年记忆，探寻导致愤怒被触发的触发器。同时，我们需要确保总体的生活压力保持在可控范围内，以避免因压力过大而对孩子吼叫。我们可以运用所学的各种技巧帮助自己冷静下来，并结合自身的实际情况，制订个性化的应对计划，以更加健康的方式处理那些触发器。通过反复练习这些策略，我们能够在情绪升级为愤怒之前，及时察觉并妥善处理这些情绪。

一些情绪触发器可能深深地烙印在我们的身体中。我们通常需要积极主动地投入一些努力，才能真正实现转变，做出更具觉察和理智的反应。即使这种改变并非一蹴而就，也请不要气馁！改变需要一点一滴的积累，并随着时间的推移逐渐疗愈。在下一章中，我们将探讨在思想层面应具备何种心态，以帮助我们在改变过程中保持持久的练习动力。接下来，我为你准备了一些练习。

本周练习

- 每周 4~6 天，每次 5~10 分钟的静坐冥想练习
- 追踪你的情绪触发器
- 通过呼吸释放压力（三段式呼吸和 5-8 式呼吸）
- 你的"减少吼叫"计划

第 3 章

学会自我关怀

"对自己怀有慈悲并不意味着逃避对自己行为的责任。相反,它让我们从自我怨恨中解脱出来,而这种自我怨恨会阻碍我们以冷静、平和的态度来面对生活。"

——塔拉·布莱克(Tara Brach)

这是一个秋高气爽的日子,我两岁的孩子该睡午觉了。我祈祷我能有一段安静的午休时间,因为在这期间我还有工作要做。不幸的是,我没有这样的运气。她一直在哭闹,一次又一次地走下楼,我一次又一次地把她抱回去。她显然很疲惫,需要打个盹,而我也需要把这段午休时间留给自己。我的情绪升起来了。在楼上,她开始扔东西,然后走出自己的房间。我又一次走上楼,气得浑身发抖,又感到很无助。我抓住她的胳膊想把她放到床上，但我太粗暴了。她的恐惧是显而易见的，我感觉到她的小胳膊被压在我有力的双手下，我意识到，这就是父母伤害孩子的方式。松开手后，我含着泪离开了房间。

当我的眼泪滑落的时候，一种批评式思维一次又一次地占据了我的脑海：我究竟是怎么了？我怎么能这么做呢？我真是个糟糕的妈妈！我头脑里对自己的批评尖锐且刻薄，我在对自己说着一些我永远不会对别人说的话。这有用吗？没有。这只会让我感到自己软弱、孤独和无力。

对内在声音的觉察很重要

犯错后如何自我对话，可以决定我们是退缩还是从经历中获得成长。我们在心里对自己说的话真的很重要。这是为什么呢？借用自助类畅销书作家和励志演说家韦恩·戴尔（Wayne Dyer）的比喻：如果我有一个橙子，当我挤压它的时候会出来什么呢？当然是果汁。但是，是什么样的果汁呢？不是石榴汁或猕猴桃汁，是橙汁。就像橙子一样，当我们被"挤压"时，我们内在的东西就会被"挤"出来。

当你被"挤压"时，什么会表现出来呢？是那个内心邪恶的继母形象吗？如果你内在的声音是刺耳且挑剔的，那么你的孩子很可能也会效仿你这样做。以我为例，在我真的被"挤压"的那一刻，严厉的一面就会显露出来，负面、轻蔑的批评声不绝于耳。因为这是我内心深处的东西，会让我感到难以掌控和无力改变。

霍莉的故事

霍莉是一位全职妈妈，她独自和她的三个儿子住在一起。她8岁的儿子经常在晚上做噩梦，让他们晚上都睡不好觉，他的疲惫在白天转化为愤怒。一天早上，在又一个不眠夜之后，她正在洗澡，这时她的儿子走了进来，似乎对某件事感到很愤怒。她的儿子拉开浴帘，浴帘的杆子断了，这激怒了她。她失控了，开始对儿子吼叫，并扇了他一巴掌。

在接下来的几天里，她都感到羞愧、内疚和后悔。她哭个不停，被自己内在的声音所吞噬了。霍莉告诉我："我不想吃东西，也睡不着觉。我一直在想，我是个糟糕透顶的妈妈。我不配做一个妈妈。"

一周后，霍莉的妈妈来探望她，她妈妈对女儿的状态感到很震惊。霍莉说："我真没用。我没有做任何有意义的事。这种自责并没有帮助我重新建立与孩子的联结。"刺耳、挑剔的内在声音让她充满了羞愧，让情况变得更加糟糕。

霍莉并不是个例。我们当中有太多人对自己的错误和缺点做出了无情的评判和批评。我们内在的声音可能充斥着让我们感到羞愧的想法，而这些想法毫无帮助。消极的自我对话和自我贬低并不能使我们成为更高效、更平和的父母。事实上，情况正好相反，羞愧让我们感到被困住、无能为力和孤独。当有这样的感受时，我们便无法给予孩子充满善意与慈悲的关注和陪伴。

羞愧无济于事

布琳·布朗（Brené Brown）研究员帮助我们理解了内疚（guilt）和羞愧（shame）之间的区别。羞愧是一种针对自身的负面感受，而内疚与行为有关，是一种因为做错事或者违背我们的价值观而产生"良知警醒"的感受。她的研究表明，内疚可能是有益且适应的，能够推动我们改正错误而羞愧则是破坏性的，并不能帮助我们改变行为。正如布朗（2012）所说：

> "羞愧侵蚀了我们对自己有能力改变的信心。"

当你感觉自己是一个糟糕的人时，你几乎不可能让自己做出改变。

此外，如果我们想要孩子学会自我关怀，就必须以身作则。例如，如果你有自我羞辱的习惯，你的孩子很可能也会养成这种习惯。正如我前面所说的，孩子可能不太擅长做我们说的事情，但他很擅长做我们做的事情。有害的代际模式便是这样传递下去的：来自父母刺耳的批评声变成了孩子内在的声音，然后当孩子成为父母的时候，对自己严厉羞辱的习惯又延续了下去。

不要责备自己和他人

你可以把自我羞辱想象成"第二支箭"。在一个佛教寓言中，佛陀曾问一个学生："如果一个人被箭击中，会痛吗？如果这个人被第二支箭击中，会不会更痛呢？"

他接着解释说，"在生活中，我们常常无法控制第一支箭"，意思是，每个人的生活中都会发生困难和痛苦的事。"第二支箭是我们对第一支箭的反应，因此，第二支箭是可以选择的。"

我们对自己严厉的批评是射向我们心灵的第二支箭。这并不能帮助我们从第一支箭的伤痛中恢复过来。事实上，羞愧与责备自己和他人的"第二支箭"是可以选择的，我们有选择是否射出这支箭的权利。我们可以选择对自己的痛苦表现出友善或慈悲。

自我关怀的疗愈力量

想象一下，如果我们不再自我苛责，而是像对待好朋友一样，给予自己友善和理解，这会如何改变我们所面临的局面呢？研究表明，相比于过去的自我苛责模式，这种方式能更有效地帮助我们成长，有助于我们从错误中汲取教训。

克里斯汀·内夫（Kristin Neff）是得克萨斯大学奥斯汀分校的研究员、作家和教授，她毕生致力于研究慈悲和自我关怀。内夫（2011a）写道：

> 自我关怀不仅仅是很棒的理念，越来越多的研究证明了自我关怀的激励力量。自我关怀的人为自己设定了很高的标准，但在未达成目标时，他们并不会过分自责。相反，研究发现，他们更有可能在失败后为自己设定新的目标，而不是沉浸在沮丧和失望的情绪中。同时，自我关怀者更有可能勇于为自己过去的错误承担责任，在情感上以更为平静的态度接纳过失。此外，研究还发现，自我关怀有助于人们采取更健康的生活方式，比如坚持自己的减肥目标、锻炼身体、戒烟，以及在需要的时候寻求医疗护理。

如何自我对话

内夫将自我关怀分解为三个要素：自我友善（self-kindness）、共同人性（common humanity）和正念（mindfulness）。那么，如何开始练习自我关怀，而不是自我评判呢？我们可以从觉察和打断消极的自我对话开始。常规的冥想练习会帮助你做到这一点，因为它会使你对自己的想法有更多的澄清和觉知。不管你能否经常地觉察到这种轻蔑、挑剔的声音，只要试着正念地去觉察它们的存在就可以了。当你觉察到它们的时候，不妨对自己说："你好，旧模式。"这样，你便能够打破这个陈旧且不健康的思维习惯。这种消极的自我对话模式可能是多年以来，你在不知不觉中形成并发展的，所以它很可能会相当强烈且根深蒂固。尽管完全摆脱批评式思维较为困难，但你可以创造一种新的模式。这是来自神经可塑性的礼物（在第 1 章中讨论过）：你所练习的东西会日益巩固，并使你变得更加强大。

自我友善

如果霍莉的"浴室事件"发生在你最好的朋友身上，你会对你的朋友说些什么呢？你可能会说："你不是个糟糕的妈妈。你感觉受到了威胁，于是你做出了反应。你其实是一个很好的人。"

我鼓励你尝试以这样的方式转变内心的对话，不再深陷于自我苛责与严厉的批评，而是用真诚、友善的话语来慰藉自己疲惫的神经系统，思考如何真正地关爱并支持自己，而非一味地感到自责和羞愧。就像对待你最好的朋友那样，开始与自己进行类似的对话。虽然一开始你可能会觉得陌生和尴尬，但随着你重复不断地练习，你自我友善的新习惯会变得更加稳固。

上次我对女儿吼叫之后，我立刻就后悔了。当我们都平静下来时，我向她道歉并拥抱了她。我没有对自己进行苛刻的内心批评，而是选择了自我关怀，承认自己的评判性想法："我有一个想法，我认为我是一个糟糕的妈妈。"然后，我尽我所能地向自己表示关怀和友善。我试着告诉自己：养育本身就是件有挑战的事情，有时候父母就是很难控制自己的脾气。有了这种滋养的内在反应，我没有再因为羞愧而感到无能为力，而是能够将注意力重新转移回到照顾我女儿这件事上，这对我们两个人来说都是一种胜利！

共同人性

自我关怀的第二个要素是认识到我们不是唯一会犯错误的人。内夫称这是"共同人性"对阵"孤立无援"。我们可能会有这样的想法：我不应该对我的女儿吼叫，好父母从来不会像我这样吼叫。

但当我们这样想的时候，我们会在痛苦中感到孤立无援。事实是，我们都是会犯错的人，我们都是不完美的父母。不完美是我们人性中的一部分。当然，作为一名正念育儿导师，我也会在某些时刻犯下让自己后悔的错误。现在，是时候认识到，在育儿这条路上，我们之中没有人是孤军奋战的。

正念

为了对自己怀有慈悲之心，我们需要通过正念认识到自己正在经历痛苦。我们需要练习觉察脑中出现的想法，并对它们保持客观。我们需要意识到当错误发生时，我们是如何对待自己的，并练习给予自己慈悲和友善。

想想你通过严厉的自我批评和自我评判给自己带来的所有痛苦。一旦你意识到这些想法后，你就可以选择另一种方式——当你没有达到自己的期望时，给予自己慈悲和友善。正念帮助你不会被自己的负面想法所困扰或裹挟。

慈爱练习

一种改变生活的方法是通过古老的慈爱练习来锻炼你的慈悲肌肉，要么进行正式的冥想，要么在一天中不断给自己灌输慈悲的想法。"慈爱"一词是巴利语单词"metta"的翻译，意思是"友好、和善、仁慈、深情、友善和富有同情的爱"。它是消除内心刻薄声音的完美解药。

具体要怎样练习呢？首先，你可以从一个容易引起你关爱的人开始，对他产生一种爱的感觉。接着，尝试把这种爱与关怀的感觉延伸到自己身上，然后进一步延伸到那些你与之相处有困难的人身上。

就像正念一样，简单地阅读关于慈爱的知识不会让你具备这项技能！这是一项练习，如果你经常做，它就可以改变你的心境，降低你内心刺耳声音的音量，并给你提供一个充满爱的选择。不要以为你只能在遇到困难的时候练习！就像在健身房锻炼肌肉一样，随着时间的推移，你在一点一点地锻炼你的"自我关怀"肌肉。

◉ 练习1：慈爱

慈爱是一种积极的爱，是一种用友善的态度对待自己和他人的方式，而不是条件反射性地进行批评与指责。你可以把这个练习融入你的日常冥想练习中。

找到一个可以保持警觉且舒适的坐姿。让你的思维变得开阔，让你的心变得柔软且友善。让你的身体放松下来。

感觉你的呼吸进出你的身体。觉察所有出现的想法，然后将注意力重新回到呼吸上。

觉察你所有存在的情绪。当你呼气时，让你的身体再柔软一点。

想象一下生命中曾经真正关心过你的人，一个容易让你产生关爱感的人。在你的脑海中想象这个人，并诵读下面的语句：

> 愿你平安
> 愿你快乐
> 愿你健康
> 愿你生活自在

你可以根据自己的实际情况来调整语句。一遍又一遍地重复这些话，让这种感觉完全进入你的身体和大脑。

现在，练习对自己慈爱。你可以把自己想象成现在的你，也可以把自己想象成一个4岁的孩子。对自己说以下语句（或者其他能让你产生共鸣的话）。当你重复这些话时，你可以想象自己被慈爱的光笼罩着：

愿我平安

愿我快乐

愿我健康

愿我生活自在

这可能会让人觉得做作、尴尬，甚至有些烦躁。当这种感受出现的时候，对自己保持耐心和友善就显得尤为重要了。用友善的态度接纳所发生的一切。

当你觉得自己已经在内心积累了一些慈爱的感觉后，就可以开始逐渐扩大你的冥想范围，从而把其他人也纳入其中：你的朋友、社区成员、地球上的一切众生。

你甚至可以把你与之相处有困难的人也纳入你的练习中，并希望他们内心也充满慈爱与平和。

当你将慈爱融入生活的点滴中时，你会体验到更多的平和、自在和友善，你自然而然地会更加频繁地给予他人慈爱。

励志导师韦恩·戴尔一生都致力于传递这个信息，他说："如果爱和快乐是你想要给予和得到的，那就从改变内在开始，来改变你的生活吧。"

同样，研究羞愧感的专家布琳·布朗在《无所畏惧》(*Daring Greatly*) 一书中写道："我们不能给他人我们没有的东西。我们是谁，比我们知道什么或者我们想成为什么样的人更重要。"养育过程难免会给你带来压力因为它迫使你重新审视所有未解决的问题，但同时，这也是一个宝贵的机会，能让你有意识地去思考；生活中，你真正想要的东西是什么。请记住，你所练习的东西会日益巩固，并使你变得更加强大。

践行我们希望孩子具备的品质

在我的小女儿两岁的时候，她常常会跑到她姐姐玩耍的地方，抢夺姐姐的玩具，甚至搅乱整个游戏——这一切都是为了引起她姐姐的注意。在处理人际关系的问题时，孩子往往表现得不尽如人意。显然，孩子是不成熟的，因为人类的大脑直到二十多岁时才能发育完全。因此，孩子需要我们的指导，需要我们为他们做出榜样，通过亲身示范来教导他们在这个世界上如何与其他人相处。

幸运的是，孩子天生就具有关心他人的本能。就像我们已经了解到的，我们所练习的东西会日益巩固，并使我们变得更加强大一样，我们还需要记住，我们所践行的观念也会在我们的孩子身上得到强化。我们可以践行我们希望孩子具备的品质：友善和共情。我们可以把友善看作友好、慷慨和体贴的品质——希望看到他人幸福，而共情是我们做到友善的方式。

给予并收获友善

为什么要友善？当谈到做父母的问题时，我们不应该谈论尊重与权威吗？虽然我们都希望我们的孩子善待自己和他人，我们都知道友善有助于我们在这个世界上与他人和睦相处，过上幸福的生活，但作为父母，有时我们认为我们必须使用武力、操控和恐吓来让孩子做我们想要他做的事情。也就是说，让孩子尊重我们的权威。然而，武力和操控并不等同于权威，恐惧也不等同于尊重。我们忘记了，如果我们对孩子使用武力、操控和恐吓，那么孩子就会学会对其他人使用这些策略。相反，如果我们想让孩子珍视友善，我们就必须践行友善，即使在我们忍到极限的时候。此外，友善和共情可以帮助我们与孩子建立紧密的联结，而这种联结的建立可以增进孩子对我们的配合。

友善始于我们自己，因此，努力中断并替换我们内心严厉的批评声是一个很好的出发点。我们也可以看看我们其他的态度和信念。例如，你认为照顾好自己是自私的吗？我们中有很多人都被灌输了这种想法，或者至少在成长过程中某个时刻被灌输了这种想法。我们可能会认为，为了成为一个很好的人，我们必须要"无私",我们需要时刻照顾他人的感受,即使以牺牲自己的幸福作为代价。然而,善待自己是与他人建立良好关系的重要基础。这不是自私,而是智慧。

还记得那个"橙子"的比喻吗:"当你被挤压时,什么会表现出来呢?"如果我们练习对自己友善、宽容和体贴,那么我们就能对孩子表现出友善、宽容和体贴,然后孩子也会友善、宽容和体贴地对待我们。这是一种很美妙的良性循环,不是吗?

共情:育儿的超能力

正如我之前提到的,共情是我们展现友善的一种方式。简单来说,共情是我们对他人情绪和感受的理解与感知,是建立自我与他人之间联结的桥梁,能够帮助我们理解他人正在经历的境遇。共情并不是以"噢,你真不幸"这种态度来对待正在苦难中的人,而是以"天哪,这太可怕了,我知道你现在是什么感受"的心态去理解他人。共情对我们与孩子建立牢固的联结来说至关重要,这也是一种可以学习和培养的能力。具体该如何做呢?这需要我们练习觉察他人的情绪线索,并设身处地为他人考虑。

研究共情的英国护理学学者特里萨·怀斯曼(Theresa Wiseman,1996)将共情拆分为下面几个部分:

- **换位思考**。这需要我们暂时放下自己的视角和情绪，通过我们所爱的人的视角来看待发生的情况。
- **放下偏见**。对他人处境的评判会削弱对方的真实感受，这是一种防御机制，可以保护自己免受痛苦。
- **理解他人的感受**。要想深刻理解他人的感受，我们必须先触及自己的情感。同样地，这需要我们放下以自我为中心的视角，把注意力放在我们所爱的人身上。
- **表达我们对他人感受的理解**。避免使用"至少你……"或者"情况本来还会更糟……"这样安慰的话语，试着说"我有过类似的经历，这真的是个痛苦的过程"或者"我能感受到你现在的处境很艰难，可以告诉我更多关于这件事的情况吗"。这种共情式的沟通方法可能不是很直观。在本书后面的章节中，我们将对这种表达方式进行更加详细的讨论。

凯莎的故事

凯莎的女儿想把她自己的耳环换掉——这通常是个让人疼得想哭的、令人沮丧的任务。凯莎害怕这样的时刻，因为她注意到自己在处理这些情况时会迅速感到愤怒，而这似乎只会让她的女儿哭得更厉害。但是有一次，凯莎停了下来，对自己说："亲爱的，你生气了。这是为什么呢？因为我觉得她现在不够'勇敢'。她在哭。在我的成长过程中，我被教育要坚强起来，不要哭。但她不是我，现在也不是过去。取下耳环真的很痛，她很害怕，这是事实。"

凯莎进行了共情的练习，她停下来，试图把注意力从自己身上转移开，这样她就可以与女儿现在正在经历的事情保持临在。她抱着女儿说："我知道你很害怕，我理解你的感受。我很抱歉这让你感到很不舒服。让我们一起来深吸一口气，等你准备好了，我们就可以换另一只耳环了。"

共情是我们在育儿过程中拥有的"超能力"——这项技能将帮助我们的孩子在情绪调节方面取得胜利。当我们能够体会到孩子的感受和经历，并与他保持临在时，我们就在无形中与孩子建立了情感联结，进一步促进了和谐亲子关系的发展。

在《由内而外的教养》一书中，丹尼尔·西格尔和玛丽·哈策尔（2014）提到，共情让孩子"感受到自己被他人关注和理解，感受到自己存在于父母的心中"。当我们以共情的方式养育孩子时，我们会与孩子建立更深层的联结，并理解冲突的根源。这有助于我们更轻松地解决每一场冲突。

特别注意，在向孩子表达共情的时候，首先需要确保我们自己的杯子是满的。把自我照顾放在首位，这对于父母能够给孩子提供友善和共情至关重要。请记住，自我照顾并不是一种

"可有可无，有了更好"的奢侈品或额外福利，而是你的权利和责任。

不用担心，即使你最近在共情方面做得不够好，也仍然可以随时去培养它。作为社会性动物，我们拥有与生俱来的共情能力，但这也是我们可以通过学习和练习来提升的技能。

让评判的头脑休息一会儿

我们的头脑中都有一个挑剔的声音，不断地对自己和他人做出评判。还记得那些苛刻的自我评价是如何阻碍我们成长和学习的吗？严厉的评判对孩子也有类似的影响，会降低他的自信心。评判和批评会伤害孩子，给他传递这样一个信息："我不喜欢，也不接纳你现在的样子。"

然而，我们的大脑在时刻不停地进行评判！当我们感到不舒服或孩子的行为让我们感到不安时，评判性的想法就会出现。这是完全正常的。正念练习将帮助你觉察到这些想法，并打断它们。一旦你给一种想法贴上了"评判"的标签，你就已经在削弱它的力量了。

表现不好的孩子自己也常常会感到痛苦，这有助于唤起我们与生俱来的慈悲心，尽管这种慈悲心在某些时候可能被我们忽视了。我们在很多时候都没有认真地对待孩子的痛苦。不疼不痒的标签对我们来说没什么大不了，所以为什么要大惊小怪呢？谁会在乎一个孩子叫另一个孩子"小矮子"呢？

但当我们不理会孩子的问题时，孩子会感到被忽视和不被关心。取而代之的是，我们可以用正念来觉察我们的想法，然后有意识地选择通过友善和共情来回应孩子。当我们这样做的时候，就加强了我们与孩子的联结，使他在未来更有可能配合我们。

你的评判性声音也能成为你正念练习的一部分，它可能会说"我不能做这件事"，"我永远也做不到这件事"或者"其他人在这方面都做得比我好"。不管我们是在评判我们的养育、练习还是孩子，当评判性思维出现时，正念练习有助于我们停下来并意识到它们。你可以尝试有意识地培养一种接纳、友善和好奇的态度，看看这是什么样的感觉，这对你的人际关系会产生什么样的影响。

共情、友善和不评判的态度对于做父母来说是非常有益的，但当我们匆匆忙忙地和孩子在一起时，就很难记起这些态度。这就是为什么，在结束这一章的内容——由内而外地培养友善之前，我们有必要谈一谈"耐心"。

耐心？你是在跟我开玩笑吗

你还记得小时候妈妈告诉你要"有耐心"吗？我记得，但这从来都不是我的强项，甚至一想到这个词，我都会产生一种不愉快的感觉（你好，童年包袱）。然而，在当今这个节奏快得超乎想象的世界里，父母迫切需要耐心。我们的神经系统会把匆匆忙忙的行为视作威胁，从而触发应激反应。

当我们练习耐心时，我们的反应性便降低了。我们可以放慢速度，留给自己足够的时间来穿鞋。请记住，即便我们迟到5分钟，也不是世界末日。我们可以利用这个重要的停顿时刻，来更充分地觉察每一次育儿互动中所蕴含的情感和动机。只需要几次呼吸的空隙，我们就有时间意识到当下到底发生了什么。

我每天都在与不耐烦做斗争。我的习惯是先高效地把事情做完，之后进入到下一个阶段。当我与孩子发生紧张的冲突时，这种缺乏耐心的态度通常是罪魁祸首。例如，我现在想尽快离开家门，而孩子却在慢吞吞地拖延。当不耐烦压倒我的时候，我就是一个反应性的、脾气暴躁的妈妈。如果我能够多一点耐心，事情通常就会顺利很多。

几年前，我走进我女儿们与她们的朋友玩耍的房间。她们掀翻了椅子，用围巾覆盖了餐厅家具，几乎每个物体表面都被她们堆上了毛绒动物和积木。我想立刻就把所有的东西都收拾干净。这种情况需要耐心，而这并不是我的强项。但是，我从过去的"暴躁"时刻中吸取教训，花了点时间冷静地与我的女儿们交谈。显然，她们的毛绒大象需要"绷带"才能从受伤中恢复过来。有了对她们需求的理解，我就能够等待她们给玩具绑绷带，然后再与她们沟通我对空间整洁的需求。放慢速度的好处是，它让我有时间更巧妙地表达，而不是大声地发号施令。"耐心"让我在那一刻看到了女儿们的需求，使我们的一天没有因为争执和吼叫而被打乱。

我们能否尝试顺应事物自然发展的节奏，而不是试图强行控制局势呢？正如你所知道的那样，孩子的步调比成年人要慢得多。孩子生来就拥有活在当下的特质，对周围的世界充满了好奇。很多时候，成年人都在无意间将匆忙和急躁的习惯灌输给了孩子。取而代之的是，我们可以练习给孩子更多的空间和时间，让他按照自己的节奏行事，而不是总催促他。

这并不容易，但请相信我，我会与你并肩同行。这就是我们称之为"练习"的原因。我们不能一直保持完全的耐心，这没有关系。因为我们越匆忙，我们的生活方式就越有可能给孩子带来压力和焦虑。所以，放慢脚步是值得的。

关于耐心，需要提醒你的是：当事情进展顺利时，保持耐心是相对容易的，但当你焦躁不安、思维混乱的时候，培养耐心就尤其重要了。为了加强你的耐心，你需要在很多情况下练习。我强烈建议你也要练习对自己保持耐心。做父母并不容易！有时感觉自己像一头愤怒的犀牛是完全正常的。接受做父母会有笨拙的时刻，在培养对孩子耐心的同时也练习对自己的耐心！

◉ 练习2："耐心"的口诀

挑选1～2个这样的口诀，把它们写在便签上，贴在你家里触手可及的地方。在你需要的时候，对自己重复几遍！

在我冷静的时候，我更能帮到我的孩子。

当孩子开始大哭大闹的时候，我变得更加冷静了。

我选择平和。

吸气，我充满慈爱。呼气，我可以停顿一下。

放松，释放，微笑。

这一切都会过去的，呼吸。

带着友善的态度。

让一切如其所是。

对你的冥想练习保持耐心。 耐心也是正念冥想中一个非常重要的因素。培养耐心，当你发现自己的头脑在进行评判、出现焦躁或不安时，有意识地提醒自己，你无处要去，也无事要做。给自己留些空间来体验这些。为什么呢？因为你拥有这些体验！当这些体验在冥想中出现时，它们就是你当下现实的一部分，是你的生活在此时此刻的展现方式。

在你的生活中保持耐心。 记住，我们不必用娱乐、分散注意力的事情或活动来填满每一个时刻。当我们给自己腾出时间和空间来感受当下，而不是匆匆忙忙地去做下一件事情时，生活就会变得更好。当我们在活动之外留出一些宽松、自由的时间时，我们就会更加享受与孩子在一起的家庭时光。暂停下来是件很美妙的事。

培养不强求的心态

"好了，亨特，"你可能会对自己说，"现在我有一个很长的待办事项清单，包括练习慈爱、觉察没用的想法、练习耐心、放下评判。我现在要开始做了！"

然而我邀请你先冷静下来，让这些想法深入你的内心（未来，在需要的时候，回来重新阅读这一章）。为什么呢？

很有可能，你从小就接受了完成任务和设定目标的训练。当我们习惯于这样努力追求（striving）的时候，就很难简单地停留在当下，不管发生什么。我们常常对自己说："要是我更冷静、更聪明、更勤奋、更健康、更富有……就好了。但是现在，我一点也不好。"这种不好的感受驱使我们立刻去改变，让我们像是在一个充满不安全感的仓鼠轮子上奔跑——就像所有的仓鼠一样，我们拼命地跑啊跑，却跑不到任何地方去。取而代之的是，我想要邀请你培养不强求（nonstriving）的态度。

乔恩·卡巴金（2013）指出，努力追求特定的目标可能是冥想中真正的障碍，因为在冥想中，除了简单地做现在的你自己，没有其他的目标。当我们完全活在当下，完全接纳现在的自己时，我们就已经在很大程度上减少了让自己做出自动化反应的压力和焦虑。因此，我鼓励你在练习中秉持这一原则，然后让自己放松下来。

放下对没有实现的事情的努力追求（这种总是针对未来的状态）有助于我们更加临在于实际发生的事情。这并不意味着不努力或者不投入到练习、养育或生活中，相反，它意味着充分地体验与投入，放下对结果的强求。对我们来说，适时地放下自己的计划和期望，让生活以它自己的方式自然展现，才是真正的疗愈和滋养。与此同时，孩子也会在这样的环境中茁壮成长，而不是不断地奔波于一个活动和另一个活动之间。我们需要给孩子留出空间，只是简简单单地临在。

不强求并不意味着无所作为，恰恰相反，它意味着从容不迫。我们都有目标和志向，但我们能放下对它们的强求吗？举一个常见的例子：你可能有让孩子上大学的愿望——一个美好的、有益的目标。但是如果你逼得太紧，你的努力就可能会给他带来严重的焦虑。不努力追求的心态要求我们把紧握期望的手放松一些，知道一切已经很好了，无论发生什么，我们都是可以应对的。

争取"足够好"

在养育方面，不强求的态度会带我们走上"足够好的养育"之路。"足够好的父母"（good-enough parent）这个概念源自儿科医生和精神分析学家温尼科特（D.W.Winnicott，1973）的研究。他的基本观点是：在养育孩子的过程中，我们需要更加冷静。孩子在成长的过程中会犯错、会吵闹、挣扎，但发生这些并不意味着全然的养育失败。事实上，这个过程可以帮助孩子培养韧性。

"足够好的养育"告诉我们，我们不需要努力成为完美的父母，也不应该期望我们的孩子做到完美。每个家庭都会出现问题，用责备、羞愧和严厉的批评来回应孩子是没有任何帮助的。取而代之的是，我们能否在问题发生的时候想到，人类的不完美是不可避免的——尤其对孩子来说？我们能否预料到孩子就是会犯错误呢？我们能放下对完美的强求吗？

事实上，当我们允许自己是不完美人类中的一员，并在我们的人际关系中树立自我疗愈的榜样时，我们就给孩子做了很好的示范。孩子需要看到我们陷入困境后吸取教训，并且仍然珍视自己，这样他才能知道自己该如何去做。

由内而外的友善

培养慈爱和对你内在声音的觉察，会对你与孩子的关系产生深远而持久的影响。要知道，你是亲子关系中不可或缺的二分之一。是时候意识到你在亲子关系中的责任，并着手改变了。当你开始将你的想法从严厉的批评和评判转变为对自己人性的慈悲与接纳时，你也会转化出对他人更多的慈悲与接纳。就希望孩子成为什么样的人而言，你内在是什么样的人非常重要。

随着你持续深入地进行静坐冥想练习，其他的练习也会变得更加容易。对当下客观发生的事情培养更多的觉察，而不是停留在自己的主观故事或想法上，这是所有重要改变的基础——如果你看不到真正发生了什么，你就无法做出不同的选择。提高对内心批评声音的觉察，一开始你可能会感到不舒服或沮丧，但我建议你不要放弃。我们都有与之抗衡的负面偏见，意识到这一点将帮助你不再对它做出反应。

记住，单纯地阅读这本书并不会帮助你做出改变，一切都需要练习。一开始，尝试培养慈爱之心可能会让你感到有些荒谬或不自在，但我向你保证，这是一项极具能量的练习，随着时间的推移，它将为你带来深远且持久的益处。让内在的声音变得友善是内在改变的关键，这将帮你更熟练地使用本书第二部分中的沟通技巧。

下一章是关于我们所需要做的内在工作的最后一章，我们将深入探讨如何以身作则，实践我们期望孩子习得的生活方式。在下一章中，你将学习如何以正念的方式去应对不舒服的感受。

本周练习

- 每周 4~6 天，每次 5~10 分钟的静坐冥想练习或身体扫描冥想练习
- 每周 4~6 天的慈爱练习
- 觉察评判的想法
- 练习友善、共情和自我关怀
- 练习"耐心"的口诀

第 4 章

应对不舒服的感受

"逃避不愉快的冲动导致回避，回避导致厌恶，厌恶导致恐惧，恐惧导致敌意，敌意导致攻击。在不知不觉中，避免不愉快的本能变成了敌意的根源。它导致了战争：内部战争和外部战争。"

——斯蒂芬·库伯（Stephen Cope）

孩子哭闹或发脾气可能会给父母带来一种特别的痛苦。在我大女儿两岁的时候，她会像其他学步期的孩子一样，在有限的资源耗尽的时候失去控制。我会浑身起鸡皮疙瘩，这种感觉让我无法忍受，然后我也会失去控制。从我诸多经验来看，我可以向你保证，发脾气不是一种有效的养育方式，会让我们和孩子都感到悲伤和混乱。这是一种我们很多人在做父母时没有预料到的情感混乱。

在前面的章节中，我们已经探讨了这些强烈的反应在我们身上被触发的一些原因，也探讨了正念和自我关怀是如何治愈这些旧的伤痛的。现在我们来看看你可以在日常生活中使用哪些方法，来应对你自己以及孩子不舒服的感受。

对感受的习惯性反应

我们经常花费大量的精力试图把感受压到表面之下，这样我们就可以不去感受它们，孩子也会学习到这样的方式。我们似乎忘记了自己和孩子都有各种各样的感受——好的感受、坏的感受和不舒服的感受。压抑我们的感受是另一种不健康的情绪处理模式，这是上一辈传递给我们的。我们总是听到上一辈人的说："不要有这样的感受。这样的感受让我感到不舒服。你有这样的感受是错误的。"所以我们试图把那些不舒服的感受压抑下去，但我们忘记了它会以更有力的方式出现，而且通常是在最不恰当的时刻。

我们中的很多人对痛苦或不舒服的感受的反应主要有两种：要么试图压抑自己的感受，要么被一直试图压抑的情绪所淹没。

情绪阻滞（blocking）：我们可能试图通过否认自己的感受来分散自己的注意力，或者通过使用食物、酒精或药物进行自我疗愈，来结束或否认不适。这些方式归根结底都是无效且不健康的。这是因为，不舒服的感受实际上有它存在的意义，它通常是一个信号，表明我们需要做出一些调整。错过这个信号可能会对我们自己或他人造成一些伤害。显然，使用食物、酒精或药物进行自我疗愈，有时会给我们的情绪和身体健康带来非常多的问题，比如成瘾。

被情绪淹没（flooded）：这会发生在我们被自己的感受所淹没，或沉浸在自己的思绪中的时候，尤其是当我们被恐惧或评判所淹没的时候（"我受不了了""他/我怎么会这么愚蠢"等）。被恐惧和悲伤淹没会导致绝望和无力。被愤怒淹没——爆发和大声吼叫，会把其他人推开，导致更多不好的感受。这样下去，事情只会变得更糟，永远无法好转。

⊙ 练习1：面对不舒服的感受，你的习惯性反应是什么

当我们有不舒服的感受时，我们的习惯性反应可能会从抓一把软糖吃，到对我们的孩子大发雷霆不等。你的习惯性反应是什么呢？以下是人们应对情绪的一些常见方式（见表4-1）。在阅读日志中写下你在自己身上觉察到的反应。

表 4-1 应对情绪的常见方式

情绪阻滞	被情绪淹没
分散注意力：反复看时间，浏览社交媒体	被情绪击垮，不知所措

（续）

情绪阻滞	被情绪淹没
进食，购物，饮酒，服药	吼叫，攻击
羞耻感	无力
内疚	绝望

当你识别出自己的常见反应后，你便可以开始在日常生活中觉察它们。保持好奇心，像科学家一样观察自己。然后，选择一个时机练习保持不反应，来替代你原有的反应模式。正念地觉察由此产生的感受和感觉。你会发现，呼吸并平静地面对这些感受是有可能的。把你的体验记录下来。

"情绪阻滞"和"被情绪淹没"如同一枚硬币的两面，我们在两个极端之间摇摆，而不是走在中间——当情绪出现时，正念地感受和应对它们。如果你经历过情绪阻滞或被情绪淹没的情境，很可能是由于你的家庭中树立了某种形式的不健康习惯模式。如果你不为此付出努力，就很可能会把这种模式传递给你的孩子。一位正念的家长该怎么做呢？让我们来看看健康情感表达的中庸之道。

正念接纳你的情绪和感受

在中庸之道上，你既不是在推开不舒服的感受或处境，也不是被它们所吞噬。取而代之的是，你学会接纳和感受情绪带来的感觉，这使得它们能在适当的时候过去。

抗拒会更受伤

当心烦意乱的时候，我们显然不想有这种感受，所以压抑或抗拒这种感受是我们的本能反应。我们想要避免不舒服的感受。问题是，我们无法避免生活中所有的伤害，当不舒服的感受出现时，我们对它的抗拒会让事情变得更糟。这是一种如此普遍的人类行为，以至于人们提出了一个等式：

$$伤痛 \times 抗拒 = 痛苦$$

这个等式表明，与现实中的伤痛做斗争只会让情况变得更加糟糕——它又创造了新的痛苦。这个等式还表明，经历伤痛而不经历痛苦是有可能的，因为它们不是一回事。

比如，你对孩子感到沮丧和愤怒，然后又为自己的愤怒而感到糟糕，你试图阻止自己的感受，这引发了你最终的失控，也可能是你的情绪淹没了你，占据了比它们原本所需的更多的时间和空间。你的抗拒增加了一层额外的痛苦。这种痛苦让你更难以看清当下的真实情况，也更难以做出深思熟虑的回应。此外，额外的评判层面使你与孩子的冲突更有可能在表面之下持续酝酿。这就是我们在第3章中所讲过的"第二支箭"。

接纳会让受伤少一点

心理学家卡尔·荣格（Carl Jung）在很久以前就说过："你所抗拒的东西不仅会持续存在，而且还会变得更加强大。"在今天，我们将其简称为"你所抗拒的东西会持续存在"，这句话表明，压抑我们的感受是无效的（Seltzer，2016）。逃避会导致痛苦，让我们无法充分地体验生活。我喜欢把我们的感受想象成学步期的小孩：他不会给我们带来任何安宁，直到我们真正地看到和听到他。这意味着承认和接纳我们不舒服的情绪。

接纳我们有痛苦感受的事实，会让你更快地治愈这种痛苦。尽管这看起来可能有悖常理，接纳并允许不舒服的、"我必须离开这里"的感受存在，这通常会减轻不适，有时甚至会让它完全消失。把不舒服的感受带到你的边界，然后软化它。如果你曾经练习过瑜伽，你可能有过类似的体验。在瑜伽中，你会来到你不舒服的边界，在那里休息之后，你会发现不舒服的感觉发生了变化。

然而，"接纳"一词可能会引起误解。需要明确指出的是，接纳并不意味着你必须喜欢你正在经历的感受，接纳只意味着承认这是你此时此刻经历的一部分，你正在接纳现实如其所是。接纳也不意味着你是被动的，不采取行动来改变现状。接纳不意味着你对所有外界的人和环境都说"好"，也不意味着你对有局限性的信念说"是"。打好这一仗——不断打破并改变你的有害想法，比如"我不擅长这个"或者"我是一个糟糕的家长"。与此同时，你仍然可以接纳所有出现的不舒服的情绪。你不舒服的情绪就在那里，正视它们，因为你所抗拒的东西会持续存在。

"承认"提升接纳度

练习接纳我们感受的简便方法是在第 1 章中讲过的"承认"练习。当一种不舒服的感受出现时，你可以在内心说出你的感受，而不是推进你待办事项清单里的下一件事情、用分散注意力来忽视你的感受或者失去控制。这个简单的对内心感受的标签可以很大程度上缓解负面情绪。我发现，如果我承认我的焦虑，比如停下来对自己说，"你好，焦虑，我在这里看到你了"，这会给我时间停下来，去觉察并体验身体所发生的变化。对感受贴标签减轻了焦虑对我的控制，给了我更多喘息的空间，让焦虑自然过去。

> 关于接纳的小贴士：当你练习接纳出现的情绪时，不要带着改变它的意图。这是一种微妙的阻力，可能会让事情陷入停滞状态。情绪就像我们的孩子一样，它们不喜欢被操纵，而是想要被充分地看到和听到。

当我们完全沉浸在感受中时，令人不舒服的情绪就会自然消散

完全沉浸在我们的感受之中，这作为一种强有力的接纳可能正是情绪自由的关键。法国行为学家、人际沟通专家吕克·尼孔（Luc Nicon）认为，我们所有试图掌控情绪的心理努力实际上可能会恰得其反（Bertelli, 2018）。他的研究表明，当我们完全沉浸在感受的输入中——没有使用深呼吸或其他管理技巧试图去控制感受时，感受最容易消散和消失。他用法语首字母缩写TIPI来称呼这种方法，翻译为"识别潜意识恐惧的技巧"（technique to identify subconscious fears）。这种方法非常简单，下面的练习将指导你完成它。

◈ 练习2：TIPI

开始调整你的情绪反应模式时，你需要充分体验与这些情绪相关的身体感觉。根据TIPI，为什么会有这些感受并不重要，重要的是这些感受就在那里。不要试图去理解或控制你的感受，也不要去责备你的感受。

无论何时出现情绪，你都可以遵循以下这些简单的步骤进行练习：

（1）闭上眼睛。

（2）觉察你身体上的2～3种感受（喉咙或胸部的僵

硬感或紧绷感等）。在脑海中给感受贴标签或记下这些感受，让你的思维完全处于当下。

（3）让这些感受逐渐发展，继续觉察它们。允许你的呼吸变浅，如果这是你的感受的自然发展和变化。

（4）带着好奇的态度去觉察你的感受，不要试图去干预它们，也不要试图去理解或控制它们。只需要觉察这些感受，直到你的身体恢复平静的状态。(确实，这说起来容易，但做起来难。)

睁开你的眼睛。整个过程可能需要不到1分钟或几分钟。在接下来1～2周的时间里，你可以在每次情绪产生时练习TIPI，自己验证一下这个练习，就像科学家一样去研究自己，在阅读日志中记下练习对你的影响。

当我第一次听说TIPI的时候，我也曾对此深表怀疑。所以我自己进行了验证，让我感到惊讶的是，这个非常简单的方法真的很有效。我发现，当我抛开我的思绪和故事，完全沉浸在身体感受中时，我身体的自然疗愈能力就被打开了。我们的思维可能会阻碍我们的身体去疗愈不舒服的感受，因为思维可能会抗拒疗愈所需要的完全接纳和沉浸的状态。

在《全然接受这样的我》（2003）一书中，内观冥想导师塔拉·布莱克分享了另一种方法，帮助我们体验接纳的力量。她邀请我们练习对所有产生的感受说"是"。如果抗拒是心理上的"不",那么"是"可以成为一种有效的解药。接下来,你自己试试吧。

❀ 练习3:体验"是"与"不"

找一个舒适的地方安静地坐着。回想一种你曾经抗拒过的情绪,确保这种情绪是非创伤性的。把注意力集中到你的喉咙、胸部和胃部,觉察这种情绪在你体内产生的感受。

现在开始对这种感受说"不"。在接下来1分钟左右的时间里重复地说"不"。觉察你的身体对"不"的感受。做几次深呼吸。

现在开始对这种感受说"是"。在接下来1分钟左右的时间里重复地说"是"。觉察你的身体对"是"的感受。

在你的阅读日志中记录这两种体验的对比。

当你在进行"体验'是'与'不'"的练习时,你很可能会发现,"不"会增加你身体的紧张感,而"是"则会软化你的身体,给你空间去接纳自己的感受。就像分娩一样,放松身体有助于减轻疼痛,减少你的抗拒将有助于缓解你经历不舒服的感受时的痛苦。此外,当你做这项工作时,就是在为你的孩子树立健康情绪反应模式的榜样。一举两得!

找到我们抗拒的根源

尽管这些关于接纳的话语可能会帮助你看清你内在的真相，但允许自己出现不舒服的感觉仍然是非常困难的。对于我们这些在成长过程中经历过某种程度的情感伤害的人来说，那些愤怒、焦虑、难过、尴尬、自责、悲伤等痛苦的感觉是非常难以接受的。也许我们被告知"不要哭"或者"回到你的房间去，直到你心情好一点""你再哭的话，我有办法让你哭得更厉害"，又或者"不要这么敏感"。这些负面的信息在我们的头脑中变成了批评的声音，阻碍我们进行更深入的自我疗愈。

摆脱不舒服的感受的唯一方法就是去充分感受它。我们必须去感受自己的感受，才能以健康的方式去应对它们。如果我们的情绪没有被完全感受到，它们就会被封存起来，并造成各种各样的问题，因为这些情绪会以不健康的方式表露出来。因此，允许自己感受所有的感受，允许自己加入那些全然感受自己情绪的人们的行列中去——这样做不会让自己被情绪所支配。练习接纳你的情绪，无论是使用 TIPI 的方法，还是使用对感受说"是"的方法，都是一个很好的开始。

尽管如此，要"感受所有的感受"仍然是很困难的，有的时候，感受出现的时机也不是那么合适。我们大多数人都可以练习正念地、有意识地感受我们负面的、不舒服的情绪，这样我们就可以用健康的方式释放它们。但在情绪表达并不总是安全的情况下，我们要怎样让自己去感受呢？这里有两条有用的准则。

- **评估你所处的环境**。在开始应对不舒服的感受之前，确保你处在一个安全、平静且稳定的环境中总是明智的选择。慎重评估环境和场合。如果你觉得你可以闭上眼睛，那么这里很可能是一个合适的空间。
- **寻求一些帮助**。你正在经历的感受是否具有创伤性，是否会深深地触动你呢？换句话说，回想某些事件或感受是否会让你感到失控，甚至产生更强烈的负面情绪呢？如果是这样的话，寻求治疗师的支持来帮助你应对这些创伤性的情绪是一个好办法。寻找你所需要的帮助，以治愈那些深藏于心且易被触发的旧伤，这将有助于你更从容地运用正念去面对并探索各种复杂的感受，包括你在养育过程中出现的不舒服的感受。

RAIN：一条应对不舒服感受的正念之路

RAIN 是英文单词的首字母缩写，它可以帮助你记住如何通过正念的方式来应对不舒服的感受：

识别（**Recognize**）

允许或接纳（**Allow or accept**）

探索（Investigate）

滋养（Nurture）

要怎么做呢？让我们来看看吧。

识别

当我们意识到自己产生了某种情绪，并给它贴上标签时，我们就开始以正念的方式去应对不舒服的感受了。这种感受是焦虑、恐惧、无助、不知所措、难过、悲痛、尴尬、懊恼，还是其他什么呢？为了更好地识别情绪，在你的脑海里把情绪命名为"焦虑"（或者任何其他词语）。一旦你给它贴上了标签，你大脑前额皮质中负责语言的部分就会重新被调动起来。当我们认识到这一点时，就迈出了重要的一步，我们不再阻滞自己的感受，而是承认这就是此时此刻的现实情况。

当你识别出自己的感受时，对自己说，"我在感受……"，而不是"我是……"。例如，"我感受到沮丧的情绪"，而不是"我是沮丧的"。这样的表达方式有助于我们与感受保持一定的距离，为自己创造出一些喘息的空间。毕竟，我们不会说"我是骨折的脚"，我们会说"我的脚骨折了"。同样地，让你的情绪也增加一点客观性。

允许或接纳

在识别出感受之后，下一步更多的是不采取行动——允许它存在。你可以把这看作我们前面谈到的接纳练习。怎么做到这一点呢？有很多方法。你可以使用"体验'是'与'不'"的练习，如果这能引起你的共鸣的话。

另一种方法是我从一行禅师那里学到的，他告诉我们要把不舒服的感受想象成被我们抱在怀里的婴儿。然后，我们可以对这种感受说："你在这里是可以的，亲爱的……（命名你的情绪）。我在这里陪着你。我会照顾好你的。"一开始，你可能会觉得这种做法很荒谬，但我发现它是一种深入且有效的方法，特别是在我被孩子触发情绪的时候，它可以给我留出一个接纳情绪的空间。

探索

接下来，让我们以温和而正念的方式来探索这种感受为什么会出现。当你没有推开自己的感受或者沉浸其中时，你就可以为自己的内心开辟出一片探索它的空间。试着这样做：想象你是一个被传送到自己身体里的外星人，然后对你的感受感到好奇。这种或愤怒或焦虑或悲伤的感觉在你的身体里到底是什么样的呢？你身体的哪个部分感受最深呢？与其被你的思虑瀑布所吞噬，不如试着从外面看看这个瀑布。你产生的想法是什么呢？它们是从哪里来的呢？这些想法是真的吗？它们是在帮助你解决问题吗？

这是你在生活实践中的正念练习。对自己的感受保持好奇心,但不要紧紧地攥住它,不要在这里陷入思考的旋涡,而是要温柔地看看是什么样的情绪产生了。

滋养

最后,花点时间去探索这种感受需要你如何应对,你怎样才能用慈悲来滋养自己。在 RAIN 的这一步中,内观冥想导师塔拉·布莱克教我们,把手放在心脏的位置,尝试传递一些信息来帮助我们抚慰内心恐惧和受伤的部分。

你可以试着对自己说:"没关系""这不是你的错""你并不孤单""相信你的善良"。有时候,把生活中无条件爱你的人(甚至可以是一个精神人物或宠物)带进你的内心是非常有帮助的,他们可以抚平你的创伤。

RAIN 可以帮助你度过你的情绪风暴——正念地应对情绪,而不是阻滞它或让自己被情绪所淹没。随着不断地重复,这个练习会变得更加容易。最终,它将帮助你更快地从强烈的情绪中恢复过来,并拥有更多的平静。让我们来试一试吧。

◉ 练习4:RAIN 冥想

RAIN 代表识别、允许或接纳、探索和滋养。找一个舒适、安全的地方,放松地坐下来。

闭上你的眼睛,挺直脊背,深吸一口气,再深深地呼出。再深吸一口气,再一次深深地呼出。感受你吸入的气息,感觉空气一点一点地流入你的身体。感受你呼出的气息,感觉空气一点一点地流出你的身体。让你的肌肉在呼气时软化和安定下来。

回想一下你最近经历的一种让你感到不舒服的情绪。请回想一个具体的真实事件,而不是你内在的创伤。当你回忆这件事情和你不舒服的感受时,让这个场景像放电影一样在你的脑海中播放。把自己带到你最能感受到有挑战性情绪的地方。

冥想的第一步是**识别**,识别出这种情绪和它所采取的多种形式。在这里,你要好奇这种情绪是如何影响你的。去觉察你身体的哪个部位在感受它。保持呼吸的流入和流出。觉察这种情绪在你的腹部、胸部、肩膀、手臂、手掌、下巴和面部的感受。识别出这种情绪带来的感受,而不是推开它或屏蔽它。在心里回答这个问题:这种情绪是什么呢?觉察到这一点,不要评判,带着好奇的态度。继续觉察你吸气和呼气的过程。

第二步,**允许**或**接纳**。想象一下,你像是在怀里抱着婴儿一样,抱着你不舒服的感受。想象一下,你一遍又一遍地对你的情绪说:"没关系。你在这里没关系。我会照顾好你的。"练习接纳你不舒服的感受——去拥抱它。继续想象自己像抱着婴儿一样把它抱在怀里。继续对你的情绪说:"没关系。你在这里没关系。我会照顾好你的。"对你产生的所有感受说"是"。

第三步是**探索**,探索你的感受的本质,并对此保持好奇。温柔地询问你的感受:"你是从哪里来的?"对你产生的想法保持好奇。你脑海里出现的想法是什么呢?这些想法是从哪里来的呢?它们是真实的吗?它们对当下的情境有帮助吗?当你不舒服的感受出现时,你的身体和呼吸会发生什么样的变化呢?探索你的感受,这样你才能更好地理解它。

当你准备好了,进入 RAIN 冥想的最后一步:用慈悲**滋养**。当我们识别出自己正在经受痛苦时,自我关怀就会自然而然地产生。要做到这一点,你需要试着去感受自己内心受伤、害怕或伤痛的地方最需要什么,然后提供滋养的讯息。它需要一些安慰的话、宽恕、陪伴或爱吗?试一试,看看哪种友善的方式最能带来慰藉。试着说,"我和你在一起""对不起,我爱你""这不是你的错""相信你的善良",试着把你的手轻轻放到你心脏的位置或脸颊上。你也可以试着想象自己被温暖、灿烂的光包围着。如果你觉得很难给予自己爱,那就把一个内心充满爱的人物(一个精神人物、家人、朋友或宠物)带到自己的脑海里,想象他们的爱流入你的身体里。

当你准备好的时候,让你的觉察更充分地回到你的呼吸中,感受你的吸气,感受你的呼气。然后扩大你觉察的范围,觉察你身体的感受、声音以及房间的温度。

在练习这个冥想之后,花一些时间慢慢移动你的身体,看看你此刻的感觉如何。花点时间在阅读日志中写下你的感想:你对 RAIN 冥想过程感觉如何呢?它对你有帮助吗?哪些部分是比较困难的呢?为什么呢?

RAIN 并不是一次性就能解决所有问题的良方,事实上,你应该把它视作一种融入日常生活的实践方法。它可以帮助你妥善应对生活中难以避免的各种挑战,随着不断地练习,你会发现在面对不舒服的感受和从中恢复时,你将变得更加从容自如。

定期练习应对不舒服的感受可能是本书中最重要的练习之一,所以不要只阅读文字而避开实际练习!练习具有彻底改变你生命中最重要的关系的力量——你与你自己的关系。

虽然一开始你会感到很不舒服(哦,天哪!我多么希望能够避开这些不舒服的感受!),但我还是建议你去练习。与你的阴影部分待在一起真的是一种很勇敢的行为,虽然我明白这是你竭力想要逃避的感受。但当你勇敢地这样去做时,你会惊喜地发现,在那些不适感的背后存在着一种释放的自由,你将不再被困境中的感受所束缚。有了照顾它们的方法，你就能更加自信地行走于世界上的各个角落，去体验生活中的各种可能性。

当我们开始以健康的方式应对我们不舒服的感受时，我们的孩子也会看到这一点。（还记得我前面所说的吗，我们应当亲自示范那些我们希望孩子学习的生活方式）当我们练习应对自己的感受时，孩子会从我们这里学习到这种健康的方式。现在，你已经掌握了一些应对自己不舒服感受的方法，下面让我们来看看如何帮助你的孩子处理他的问题。

帮助孩子走出不舒服的感受

不久前，在社交媒体平台上，我看到了一张引人关注的图片：一位名人爸爸和一群成年人围着他的学龄前女儿站成一圈，他的女儿躺在地板上，疯狂地踢着腿，显然很不安。这位爸爸分享了他是如何允许自己的女儿发泄情绪，并站在她的身边保护她的。是的，她躺在公共场所的脏地板上。是的，陌生人惊讶地议论纷纷。但是他并没有屈服于来自社会的压力，而是明智地给了孩子释放情绪的空间。

尽管我早已忘记了那位名人的名字，但我仍记得他传递出的强有力的讯息：孩子哭是没有关系的。我非常欣赏这样的观点。

预见并接纳强烈的情绪

就像成年人一样，孩子也会被强烈的情绪所淹没。事实上，因为前额皮质直到二十多岁才能发育完全，所以孩子更容易被强烈的情绪所淹没。这是孩子成长过程中的必然阶段，因此，作为父母，我们需要预见并接纳孩子不舒服的情绪。就像成年人一样，当孩子封锁和压抑自身情绪时，这些情绪会以潜在的、破坏性的方式爆发出来，比如对他的兄弟姐妹发脾气。在这一点上，我们可以达成共识，我们都不想让这样的事情发生。因此，就像我们练习接纳自己的情绪一样，我们必须学会接纳孩子的情绪，并帮助他接纳自己的情绪。

我们不希望教给孩子我们自身习得的压抑情绪的方式，但我们真的觉得孩子感到愤怒或悲伤是没关系的吗？通常，我们对孩子的强烈情绪感到非常不舒服，以至于本能地想要立即"修复"它，我们用玩具或电子产品来分散孩子的注意力，告诉孩子"不要哭""好了好了，没事了"。当我们练习接纳和允许孩子有不舒服的感受，而不是修复它们时，我们的做法就会改变。现在，我们的工作变成了应对自己不舒服的感受，因为我们并不需要改变或修复孩子不舒服的感受。

"不去改变或修复孩子不舒服的感受"是什么意思呢？这在生活实践中是什么样的呢？这可能就像例子中讲的那样，那位名人爸爸允许他的女儿在公共场所安全地发泄情绪。这意味着，当你的孩子哭闹的时候，不要把他关到房间里。这意味着，你要从杂货店的购物中抽出时间，陪伴孩子在店外大哭，来表达他对没有买到甜麦片的失望。这也意味着，你要告诉孩子，"感受到愤怒是可以的，感受到悲伤也是可以的"。

这个养育建议听起来是否有些奇怪呢？事实是，情感表达是健康的。我们的孩子需要感受情绪，从而疗愈情绪，就像我们一样。孩子可能需要通过交谈、吼叫或者哭泣来表达情绪。当我们能够预见孩子必然会发生强烈的情绪时，我们就不会因为下意识地拒绝这种健康的情绪表达而感到痛苦。"他不应该有这样的感受"的想法是第二支箭，给我们和孩子都增加了很多痛苦。

哭不是一件坏事

许多父母会不惜一切代价让孩子停止哭泣：斥责、贿赂、恳求或者把孩子送回到自己的房间。但事实是，孩子需要哭，有时甚至需要大哭一场。作为一个很难接受女儿哭泣的妈妈，我在这里告诉你，接纳孩子需要哭的现实，会让你的养育之路变得更加平坦。女儿的哭声曾经让我浑身起鸡皮疙瘩，但我最终意识到，这是我的问题，而不是她的问题。我花了一段时间才发现，如果我们允许感受的流动和释放，它们带来的困难会减少一半。

不要告诉孩子不能哭。哭对所有孩子来说都是一种宣泄，当他哭完后，他会感觉好很多。诸如"不要像个小男孩一样"或"像个男人一样"这种针对男孩的话听起来相对无害，但其实是在告诉男孩子，他不能表达自己的感受。当孩子被告知要坚强并压抑自己的情绪时，他情绪的健康发展就会受到阻碍。所以，允许孩子通过哭泣来释放自己的感受，树立"哭泣是正常的"观念，而不是让他为哭泣而感到愧疚。不论男孩还是女孩，我们都应该让他们理解，哭泣是一个正常且健康的情绪宣泄过程，哭泣可以帮助他们舒缓情绪，让他们感觉好一些。

接纳情绪，限制行为

通常情况下，哭泣比愤怒更容易被接纳，愤怒通常伴随着攻击性行为。接纳愤怒是否意味着接纳破坏性的、有害的行为呢？当然不是。我们可以练习接纳情绪，但我们可以（也应该）阻止暴力行为的发生。我们可以给孩子树立榜样，教育孩子以更加健康的方式来表达他愤怒的情绪。

和孩子提前谈谈如何在心烦意乱的时候应对愤怒。你可以给他一个特别的毯子或柔软的玩具，也可以让他坐在角落里画画或撕纸，或者允许他在迷你蹦床上跳来跳去。但请记住，为孩子树立一个能够处理好自己愤怒情绪的榜样，才是迄今为止最有效的方法。如果你在情绪被触发时都开始大声吼叫并勃然大怒了，你又怎么能指望孩子会做出不同的反应呢？

当孩子产生强烈的情绪时，帮助他的技巧

一旦我们确立了所有感受都是可以被接纳的这个基本信

念，我们就可以成为孩子的帮手和教练，为孩子树立如何妥善处理强烈情绪的榜样。当这些强烈的感受出现时，我们首先是从自己出发，意识到孩子的强烈感受触发了我们怎样的内在情感与过往记忆。我们可以检视一下自己，然后问自己："我现在能够帮助到我的孩子吗？我是否需要先花些时间冷静下来，降低我的反应性呢？"

如果你处于一个相对健康、稳定的状态，那么你就可以成为孩子的好帮手。记住，休息一下总比失去控制要好。

允许孩子发脾气

发脾气是孩子表达沮丧的一种方式。如果孩子正在发脾气，你除了待在原地，保证他的安全，防止他伤害他人或损坏物品之外，你没有什么其他可以帮到他的。这可能真的很难做到，因为看到孩子发脾气可能会触发你自己的强烈情绪。使用我们在第2章中讨论的方法来照顾你自己，让情绪平静下来。

你可以练习保持临在，练习在你的身体里扎根，呼吸，尝试接纳孩子的强烈感受。当你这样做的时候，你会传递给你的孩子带来一些温暖的讯息，向你的孩子表达，"我看到你了。我听到你了。对你来说，有这些感受是可以的。我在这里陪着你。你是安全的"。当孩子感到安全、没有被抛弃时，他的强烈感受就会更快过去。这样的表达会让孩子知道"无论你感受如何，爸爸妈妈都爱你"。这表明了你无条件的爱。你安静的临在是一种强有力的回应。

在孩子发脾气后，用你身体的临在来支持他。你可以拥抱、依偎或抚摸孩子的背部。这些充满爱意的肢体语言有助于孩子内化安全感和被允许的感觉，帮助他更快地从强烈的情绪中恢复过来。

当孩子发脾气时，你需要做下面的练习。仔细阅读它，这样在你需要的时候，你就知道该做些什么了。你甚至可以在一张便笺上写下一些关键的信息，以便随身携带，在需要的时候提醒自己。

◉ 练习5：与孩子的强烈情绪待在一起

父母在孩子发脾气时保持临在是一项艰巨的任务，但这对亲子关系有很多好处，这展现了父母对孩子无条件的爱。

方法是：不要把孩子送回到他的房间去，也不要孤立他，而是和他待在一起。尽可能地靠近孩子，确保他的安全，并保护物品和防止其他人受到伤害。坐下来或俯下身来，与孩子视线平齐。

觉察你的感受和想法。你开始紧张了吗？如果是这样的话，做一个深呼吸，慢慢地吸气和呼气，让你的应激反应平息下来。觉察你是否有想要逃离的感受。如果可以的话，停留在这里，对你的这些感受保持好奇心，承认它们，把你的注意力集中在缓慢、平静的呼吸上。你可能会觉察到尴尬（尤其是当你在公共场合时）或愤怒等情绪的涌现。承认这些感受，然后重新专注于和你的孩子待在一起，深呼吸，慢慢地呼吸。练习放松你的身体。

对自己说"我在帮助我的孩子"，从而提醒你的神经系统，你的孩子不是威胁。你不必要求自己说出的每一句话都一定是正确的。记住，保持临在就足够了。当你练习在具有挑战性的时刻保持不反应时，你实际上是在锻炼自己在未来的情境下也能如此应对的能力。记住，你这样做是在告诉你的孩子，"我看到你了。我听到你了。对你来说，有这些感受是可以的。无论发生什么，我都会在这里陪着你。你是安全的"。

随着孩子的情绪逐渐平息下来，亲近你的孩子并给他拥抱。不要急着去做下一件事。慢慢来，给孩子留出恢复的时间。

留意孩子发脾气时的反应的以及他需要的恢复时间。当你能以正念的方式陪伴孩子渡过这段情绪风暴时，就请祝贺你自己！这很难，这是做父母的重大胜利！仅仅是安然走出这种强烈的情绪表达，对你和孩子来说都是疗愈过程中的重要一步。

故事叙说

当孩子遭遇一些令人恐惧和不安的事件时，他们往往需要一些帮助来应对自身的情绪。在这样的情况下，他的大脑已经被情绪所淹没，所以让前额皮质（基于语言的言辞加工能力所在的脑区）重新被调动起来的一个方法是：叙述所发生的事情。在《由内而外的教养》一书中，丹尼尔·西格尔和玛丽·哈策尔讨论了将"故事叙说"作为一种整合大脑整体功能的方法。与孩子一起回顾并叙述他所经历的事情，可以帮助孩子以更健康的方式来处理事件或应对情绪。

在我和女儿们度假时，我亲身体验到了故事叙说的力量。我们坐了6个小时的车到达我父母的家，就在那时，我们突然得知我祖父摔倒的消息。我的父母不得不马上离开去帮忙。突然之间，我的丈夫、女儿和我发现我们不得不独自待在我父母的房子里。随着我祖父健康状况变化的消息不断传来，我们的计划每个小时都在发生改变。

我的大女儿当时只有9岁，她的情绪开始变得非常不稳定，她对计划的改变感到很生气，于是哭了起来。她哭着走进淋浴间，我在浴室外都能听到她哭泣的声音越来越大。当她哭着走出来的时候，我走了过去，用胳膊搂住她被毛巾裹着的湿漉漉的身体。我开始从她的角度讲述我们这次度假的故事，从我们离开家开始，直到当时的那一刻。我详尽地讲述了我们的故事，并补充了许多细节和感受。

我丈夫和我都惊讶地发现，她逐渐平静了下来，全神贯注地聆听着整个故事，这对她真的很有用。她不再哭了，并且可以继续过接下来的一天了。

如果你的孩子没有彻底崩溃或失控，故事叙说是一个很有效的方法，可以帮助他应对所发生的事情。你可以讲故事，也可以让孩子给你讲故事。很多时候，孩子可能会反复讲述他所面临的情境。允许这种重复，做一个正念倾听的人，就像儿童治疗师有时候做的那样。你也可以使用木偶、洋娃娃或毛绒玩具来讲述故事，来再现并探讨孩子的行为和感受。故事叙说可以帮助孩子以健康、平衡的方式继续他的一天。

如何应对不舒服的感受

愤怒、恐惧和悲伤等强烈情绪是父母和孩子生活中不可避免的一部分。我们越是能够接纳和允许自己的感受，我们就越容易让这些情绪自然消散，避免抵抗带来的痛苦。推开自己的感受可能源自我们的文化背景或家庭传统，但随着时间的推移，我们可以改变这种模式。当我们能够识别、接纳、探索和滋养自己的强烈感受时，我们就能够在孩子有需要的时候为他提供一个稳定的临在。

当我审视世界上的诸多困难时,我发现大多数困难似乎都源于人们无法应对自己不舒服的感受。我们可以从自己的家庭中出发,去扭转这种延续数代的有害模式。

在接下来的章节中,我们看看如何更有效地与孩子进行沟通。你将学习如何通过沟通来增进孩子对你的配合,以及探索你说的话是如何阻碍你与孩子之间的亲密联结的。当你在阅读这些章节时,请记住,正念练习是你由内而外改变的基础。请继续练习和发展你的自我觉知能力,以及你与孩子保持临在的能力。

本周练习

- 每天 5 ~ 10 分钟,每周 4 ~ 6 天的静坐冥想练习或身体扫描冥想练习
- 每周 4 ~ 6 天的慈爱练习
- TIPI 练习
- RAIN 冥想
- 体验"是"与"不"
- 与孩子的强烈情绪待在一起(如果可以的话)

第二部分

养育友善、自信的孩子

第 5 章

共情式倾听孩子

就在我坐下来写这几页的时候,女儿愤愤不平地闯进了我的房间。

"妈妈!我告诉她了,但她就是不肯把房间恢复原状!而且,她还把房间里的一些东西拿走了!"

哦,天哪,这样的时刻到来了。我在这种时刻做出的反应,可能会让危机升级,也可能会让危机降级。一个缺乏技巧的回应可能会在不经意间传递大量的有害信息,而一个巧妙的回应则可以帮助我获得难以企及的养育胜利——我女儿能够控制她自己的强烈情绪。

我该怎样去回应她呢?这个问题可能很难回答。虽然正念帮助我们变得更加冷静和理智,但这还远远不够。作为父母,在日常生活中,我们的措辞对孩子有着深远的影响。因此,我们需要确保我们知道自己在说什么，而不是一味地重复我们小时候父母对我们说过的话。这是有害的代际模式延续下去的一种方式。这一章让我们从帮助我们飞翔的第二只翅膀——巧妙的沟通开始。

在快乐的时刻，巧妙地与孩子沟通很容易。但当发生冲突的时候，巧妙的沟通就不那么容易了。关系中的冲突是双方都试图满足自己需求的结果。孩子满足他需求的方式可能会干扰我们满足自己的需求，反之亦然。例如，有时候孩子面临的问题，我们并不担忧，同样，我们的问题对孩子来说也可能无关紧要。所以在回答"我该怎样回应孩子"这个问题时，我们必须首先搞清楚是谁面临了什么问题。这需要运用到我们一直在练习的正念探索的技巧。

处理问题的正念方法

你可能会想，把正念带到具有挑战性的时刻听起来很棒，但我女儿现在正在欺负她弟弟！初学者思维和共情如何帮助我应对这些具有挑战性的时刻呢？事实上，问题和冲突是练习好奇心和共情的绝佳时机。通常情况下，我们经历问题和冲突的时候，会对"谁对谁错"抱有先入为主的观念。我们倾向于只去看孩子的行为有什么问题。然而，事实上，做出更少的预设真的会很有帮助。当你明白孩子只是在试图满足他自己的需求时（他的方式通常缺少技巧并显得不够成熟，但这不正是孩子的特点吗），你会更有效、更慈悲地解决问题。

在这一周的时间里，当你与孩子之间发生冲突的时候，我希望你问自己两个问题：

孩子试图满足的需求是什么呢？

这个问题是谁的问题呢？

例如，当你的孩子随意将背包丢弃在过道中间时，你感到很生气，这个问题实质上源于你对整洁环境的需求未得到满足，这对于你来说是个问题，但对于孩子而言，这可能并不是一个问题。在另一个场景下，孩子也许正面临自己的问题，比如在学校与朋友发生争执，这件事虽然没有直接影响到你，但在这一冲突情境中，孩子对友谊和联结的需求却未能得到满足。你要做的是去觉察，在问题和冲突中，究竟是谁的需求没有得到满足。

我接下来说的话可能会同时带来挑战和解放。你准备好了吗？

你并不需要解决或处理孩子面临的所有问题。

你可能会问，这难道不是做一个"好家长"的全部意义吗？这难道不是一个"好家长"的职责所在吗？不是的。事实上，如果你承担并解决了孩子的所有问题，那么孩子就永远没有机会自己想出解决方案。这就像是对他的能力投出了"不信任票"。

的确，当孩子处于无法自理的婴儿阶段时，我们应该努力解决他遇到的所有问题。然而，随着孩子的成长，我们的角色也会发生变化。我们应该成为他的导师，帮助他解决自己的问题。接下来，你会学到一些沟通技巧，来帮助你做到这一点。现在，努力改变你必须为孩子解决所有问题的心态吧。

在遇到问题的时候，尝试问自己，这是谁的问题呢？如果是孩子的问题，那就把自己当作一个帮手，而不是一个拥有所有解决方案和答案的人。这一转变对父母来说可能是一个极大的解脱，因为老实说，你并不知道所有问题的答案。把你肩上的重担卸下来吧！

◉ 练习1：这是谁的问题

练习放慢速度，停顿一下，再回应孩子。问问自己：这是谁的问题呢？

如果是孩子的问题，就把自己想象成一个能够共情并提供支持的伙伴，而不是一个解决问题的专家。孩子需要的是什么呢？你怎样做才能帮助他更好地满足他的需求呢？在看待发生的问题时，尝试带着初学者思维（第1章中提到的）和对所发生的事情的好奇心，而不是抱着评判的态度。

当我们可以不加评判地看待冲突时，我们就可以更加周全地做出反应。当我意识到某一冲突是我女儿的问题，而不是我的问题的时候，我就能够后退一步，以一种更客观的态度去看待实际情况，这有助于降低我的反应性。

让孩子"拥有"自己的问题，然后后退一步，可能是一件具有挑战性的事情，但这是非常重要的。在朱莉·利思科特-海姆斯（Julie Lythcott-Haims）的《如何让孩子成年又成人》（*How to Raise an Adult*）一书中，朱莉分享了父母为孩子做得太多的问题，她的研究结果令人惊讶："有'直升机'父母[一]的孩子对新鲜想法和新鲜事物的接纳度较低，更脆弱、更焦虑、更敏感。有'盘旋'父母[二]或'直升机'父母的孩子更有可能因焦虑或抑郁而接受药物治疗。"可以看出，为孩子做太多事情可能会产生灾难性的后果。

作为父母，你可能会感受到来自社会的压力、同龄人群体的影响以及家庭其他成员的期待，他们都希望你的孩子能够避免遇到挑战和困难。在我的"父母教练"课程中，我告诉我

[一] 指在孩子遇到问题和冲突时，直接给孩子抛出解决方案的父母。——译者注
[二] 指一直监督着孩子，随时准备给孩子提供解决方案的父母。——译者注

的学员们，当他们过度参与孩子的活动，希望为孩子解决所有问题时，要用"这不是我的问题"这一口诀来帮助自己后退一步。这里的关键在于练习自我觉知，通过正念练习，你可以更好地了解自己的行为模式，学会找到行动上的平衡点，既不过度干涉，又能适时引导和支持孩子解决自己的问题。

通过倾听进行疗愈

当孩子遇到问题时，我们该如何帮助他呢？在我女儿两岁的时候，她开始经常发脾气，甚至一天发好几次脾气。我和我丈夫把她视为一颗随时可能爆炸的定时炸弹。焦虑和压力让我感到心烦意乱。我要怎样去应对这种情况呢？我必须先学会让自己平静下来，然后倾听。

从平静下来和自我关怀开始

首先，我必须处理好我自己的应激反应。在面对孩子的紧张情绪时，我能保持冷静吗？通常情况下，答案是否定的。所以我不得不先暂时"离开"一下，来处理自己的愤怒。对孩子吼叫只会让困难的情况变得更糟，所以在这种情况下找到一些可以让我冷静下来的空间是有帮助的。在我女儿心烦意乱的时候离开她，我感觉并不好，但这总比对她发脾气要好。我意识到，当孩子处于安全的环境中时，父母暂时离开可能是更巧妙的选择。

当我能够保持冷静时，我又遇到了另一个问题：我说的话引发了孩子另一轮的大哭大闹！尽管正念帮助我平静下来，并保持临在，但事实证明，我在使用一种从我父母那里延续下来的说话方式，这会在我女儿身上引发很多阻力。我的说话方式实际上让情况变得更糟，而不是更好，但是我不知道如何更巧妙地与她沟通。所以我开始学习。在接下来的章节中，我将与你们分享我学到的沟通技巧，这些技巧帮助我女儿从最初的直接反抗转变为现在的主动配合。

> 特别提示：当你在学习这些帮助你更有效地与孩子沟通的技巧时，记得要练习自我关怀，并放下自我评判。你一直以来的沟通方式可能会损害你与孩子的关系，这是多么令人沮丧，我对此深有体会。但你要知道，改变不是一蹴而就的。记住，要把正念练习作为基础，它将为你提供改变所需要的空间和清晰的头脑，让你以更加健康、更少评判的态度做出改变。羞耻和责备并不能使你真正学到东西，反而对你和孩子都不好。把慈悲融入你的学习过程中，记住，你并不孤单，我们都在努力的路上。

倾听：培育亲子间的联结

关系建立在联结的基础上，而联结是通过我们的互动（沟通）发展起来的。从根本上说，我们都希望被看到和被听到，特别是在我们最亲密的关系中。不幸的是，在我们最亲密的关系中（包括我们与孩子的关系），我们常常不那么集中注意力。这可能是因为我们正处于自动驾驶模式或"行动"模式中，忙于处理各种事务、赶路出行，或者沉迷于手机等电子设备。因此，我们只用一小部分注意力来倾听对方。这就是为什么正念冥想是基础练习。孩子需要我们真正地和他在一起（身体、头脑和精神），而不是仅仅告诉他快点穿上鞋子。在我 2003 年参加的一次禅修中，一行禅师说：

> "当你爱一个人的时候，你能提供的最好的东西就是你的临在。如果你不在那里，你又怎么去爱呢？"

每次孩子和你说话的时候，他都想要建立一种联结。每当他想要建立联结时，把他的行为想象成正念的"钟声"[⊖]——提醒自己停下来，全神贯注地倾听。把你的手机关掉并放下，练习全神贯注地陪着你的孩子，与他保持临在；或者告诉孩子你现在有其他事情，不能专心听他说话。

通过专注地、不加评判地正念倾听我们的孩子，我们就能够真正地理解孩子正在经历着什么。当我们这样倾听孩子的时

⊖ 在正念练习中，有时候会敲钟，用钟声提醒练习者将注意力带回当下。——译者注

候,孩子就会感受到被看到和被听到。

当他人遇到问题时,运用正念进行倾听堪称协助他人的"黄金法则"。正念倾听有助于鼓励对方通过表达自己遇到的问题,来理解并澄清问题的本质,从而帮助他们找到解决自己问题的方法。有时候,只需要倾听就能找到解决方案!通过倾听,我们向孩子表现出了我们的临在,孩子能够感受到自己得到了理解。孩子想让我们接纳他本来的样子、他不舒服的感受以及他所有的一切。感受到被接纳就是感受到被爱,这可以解决很多问题。

此外,值得注意的是,当我们共情地倾听孩子的问题时,这并不意味着我们对孩子的所有选择都予以无条件的纵容。相反,这只是表明我们接纳了孩子本身以及他的感受(并非孩子的所有行为)。

当孩子遇到问题时,全神贯注地倾听仿佛拥有了魔力。当你这样做的时候,即使你没有说任何话,你也能和孩子进行深入的交流。本周练习尽可能少说话,多倾听!

◉ 练习2:正念倾听

养成不再"不停地说"的习惯,而是全神贯注地倾听。把这看作一项正念练习,这样,在孩子与你说话的时候，你就可以全然地临在。有什么方法可以让你全神贯注地倾听呢？

- 把手机和其他让你分心的东西放到一边，这样你就不会总想去查看它们。
- 在排除可能让你分心的东西的干扰之后，让你的身体姿势和肢体语言展现出对孩子的关注。你可以把身体转向孩子，眼睛看向他。如果他正在分享一些令他感到不舒服的事情，可能不想与你进行眼神交流，这也没有关系，坐在他身边就好。
- 使用正念技能来觉察，看看你的思绪何时游荡到过去或者未来，何时在评判，何时在计划着如何回应孩子。当你觉察到这些的时候，把注意力拉回来，专注在孩子身上，安静地倾听孩子在说什么、孩子想要什么、发生了什么以及孩子有什么样的感觉。

只是简单地、全神贯注地倾听，全身心地关注孩子，你就会与孩子建立更牢固的联结。试一试，看看你不说一句话就能帮上多大的忙！

花一周左右的时间练习"少说多听"，这会改善你与孩子之间的关系。你会发现自己打破了试图解决一切问题的旧模式，变得更加敏锐和好奇。最重要的是，孩子能够感受到你的改变。

哪些话可能导致亲子关系的破裂

在我们与孩子建立更牢固的联结的过程中,倾听是一个非常重要的组成部分。另一个同样重要的部分是放下我们想要解决每一个问题的冲动。在孩子说完之后,我们该说些什么呢?显然,我们不能永远保持沉默,但有些回应要比另一些更好。

首先,来看看那些我们对孩子说过的,可能对孩子没有帮助的话。

让我们想象一下,孩子从沙坑跑到你跟前,显然很沮丧。她说:"莱利拿走了我的塑料桶!她以前喜欢和我玩,但现在她和其他人去玩了,并且对我很冷淡。我讨厌这个游乐场!"你会说什么呢?

如果你和大多数人一样,你的回复可能类似于这样:

"哦,亲爱的,我保证莱利还是喜欢你的。"

"有时候就是会发生这样的事情。你别这么脆弱。"

"如果你多分享一些,你的朋友还会回到你身边。"

"你为什么不能好好地去和莱利说,让她把塑料桶还回来呢?"

"好了好了,没事了。你现在想吃点零食吗?"

这些话听起来耳熟吗？你很有可能听到过自己或其他父母这样来回应孩子。现在，让我们想象一下，如果你是这些回复的接收方，你会有什么样的感觉呢？比如，你的老朋友莱利没有归还她从你这里借走的夹克衫，并且一直对你很冷淡，你心烦意乱地去找你的伴侣，想要谈谈这件事，你的伴侣这样说：

"哦，亲爱的，我保证莱利还是喜欢你的。"

"有时候就是会发生这样的事情。你别这么脆弱。"

"如果你多分享一些，你的朋友还会回到你身边。"

"你为什么不能好好地去和莱利说，让她把夹克衫还回来呢？"

"好了好了，没事了。你现在想吃点零食吗？"

不，我不好，我现在不想吃零食！天哪，怎么会有人这么冷漠！然而，这是我们经常与孩子交谈的方式。在回复遇到问题的人的时候，大多数人并没有掌握正确的回应技巧。这些回复都没有承认对方的感受，它们传递了一种不接纳的信息，因此都无济于事。

如果我们说"如果你多分享一些，你的朋友还会回到你身边"，我们就是在用责备和评判来结束对话。如果我们说"有时就是会发生这样的事情。你别这么脆弱"，我们就是在否认对方的感受。如果我们说"你为什么不能好好地去和莱利说，让她把夹克衫还回来呢"，我们就是在试图帮助对方"解决"问题。在这些回复中，我们都跳过了承认对方的感受这一步骤，这种忽视会令人感到十分沮丧或恼火。

最糟糕的是，所有的这些反应都会导致关系破裂，而我们与孩子的联结是孩子配合我们的基础。

阻碍亲子沟通的绊脚石

在正念养育课程中，我们把上面讨论的这些类型的回复称作"沟通的绊脚石"，因为它们通常会阻碍家长与孩子之间的沟通。当我们以这样的方式与孩子交流时，就像在亲子沟通的路上设置了一块绊脚石，令孩子很难敞开心扉地去听我们说话。

沟通的绊脚石：

- 责备
- 辱骂
- 威胁
- 命令
- 驳回
- 提供解决方案

一些例子：

责备："你只是不想做这份工作而已。"

辱骂："别像个小孩子一样。你现在是个大男孩了。"

威胁："如果你不友善，他是不会想和你玩的。"

命令："别再这么做了！"

驳回："我确信现在这样就很好。让这件事情过去吧。"

提供解决方案："为什么不……？"

这些沟通的绊脚石传达了对孩子想法和感受的不接纳，其中一些传达了这样的信息，即对方的感受是错误的；另一些则是将解决问题的责任从孩子身上转移走，对孩子的能力投出了不信任票。

我们再来看看上面举的"莱利"的例子。以下是沟通的绊脚石：

责备："如果你多分享一些，你的朋友还会回到你身边。"

辱骂："你别这么脆弱。"

威胁："如果你不友善，她是不会想和你玩的。"

命令："别这么说。走过去，去和她握手言和。"

驳回："好了好了，没事了。你现在想吃点零食吗？"

提供解决方案："你为什么不能好好地去和她说，让她把塑料桶还回来呢？"

这些回复都缺乏共情，并且无法真正帮助到孩子。在这样的情景中，如此回应孩子，是在传递这样的信息：孩子是错的，他的感受无关紧要，或者他没有能力自己去解决问题。

改变沟通模式并不容易

在上一节中，你是否已经认识到了自己的沟通模式呢？在我学习这个部分的过程中，我发现，在生活中，我确实使用过其中一些模式进行沟通，我使用威胁、责备甚至辱骂的次数远远超出了我的认知。意识到自己的一些沟通模式无用可能会令你感到沮丧和失望，但请记住，你不是有意识地选择那些缺少技巧的语言的。你的沟通模式与你所处的文化背景和家族历史有着很大的关系。除非我们刻意努力地改变说话的方式，否则我们可能会沿袭并重复我们的文化和家庭传统模式。对此，你无须自责。

既然你已经意识到了这些沟通绊脚石的存在，那你可能会急切地想要立刻消除它们。然而，你必须首先意识到自己什么时候会使用它们。不得不承认，事实上，这种沟通模式需要一段时间才能改变。在学习识别这些沟通绊脚石的过程中，你很可能仍然会在不自觉中继续使用这些模式，甚至在之后也是如此。直到现在我偶尔还会用到这些沟通模式！仅仅意识到自己何时使用了这些缺少技巧的语言就是巨大的胜利！

做出这样的改变需要我们练习自我关怀。我们都会犯错误，即使觉知能力提高了，我们仍然会犯错。然而，只要我们能够摆脱这些缺少技巧的沟通方式，我们与孩子的关系就会得到改善。

如何用有效沟通来替代旧模式

让我们回到前面提到的莱利的案例，孩子说："莱利拿走了我的塑料桶！她以前喜欢和我玩，但现在她和其他人去玩了，并且对我很冷淡。我讨厌这个游乐场！"作为父母，你应该说些什么呢？

记住，当孩子带着问题来找我们的时候，他希望被倾听、被理解和被接纳。我们可以通过印证式倾听（reflective listening）来证明我们听到了他，即用自己的话来描述孩子所说的内容和他内在的感受。你可以这样说：

"哦，亲爱的，你现在的心情肯定很糟！现在你觉得去游乐场一点儿都不好玩了。"

这样，你就是在承认正在发生的事情，并且为孩子的进一步表达提供了空间。这样的回应方式表明你接纳了孩子的感受。这种感同身受的反应有时被称作"积极倾听"（active listening），也被称作"情绪教练"（emotion coaching），因为它可以帮助孩子学会调节自己的情绪。

这样的回应会让接收方产生怎样的感受呢？让我们再想象一下，赖利是你的朋友，她对你表现得很冷淡，这让你感到不舒服，于是你去找你的伴侣倾诉。此时，你的伴侣并未回应你说"我相信一切都会变好的"，而是说"亲爱的，这种状况确实让人难以接受！这显然给你带来了很大的困扰"。在你收到这些回应的时候，你感觉怎么样呢？

生活实践中的印证式倾听

当一个人遇到问题并感到不安时，使用印证式倾听可以让我们探寻他的感受，并给这些感受命名。还记得大脑的低级区域主要负责感觉吗？在孩子心烦意乱的时候，情绪脑就会起主导作用。给感觉贴上中性的标签有助于让孩子的大脑高级区域（主要负责逻辑、自我控制、语言和决策的部分）重新被调动起来。

◉ 练习3：印证式倾听

正念地关注孩子。
倾听发生了什么以及事件背后孩子的感受。

在回应孩子的时候，与他分享你的理解。

表达共情。

你的首要工作是正念地关注孩子。把你的身心全部集中在孩子身上，倾听他所说的事实和感受。当需要你回应的时候，与孩子分享你的理解，这样他就会知道你在听。

如果你的回答是准确的，那么孩子会感受到被理解了，也会对自己的问题有了更强的洞察力。即使你给出一个不准确的回答（你对他的感受猜测是错误的），它仍然可以帮助孩子澄清自己的感受和想法。如果你的"猜测"并不准确，孩子也会去纠正它，你们俩可以把这作为一个新的起点，继续深入探讨。

印证式倾听可以很简单，对于一个膝盖擦伤的孩子，你只需要回应一句"天哪！这真的很痛"，而不是"没关系，不要哭了"。有时，印证式倾听也可能会变成一个更复杂的"剥洋葱"的过程，最终，问题在经过多层剥离后才会显露出来。举个例子：

一个7岁的孩子放学回家后对他的家长说："我明天不想去学校了。明天不去，以后也不去了！"

家长："你再也不想去上学了？"
儿子："是的，我不想。而且，我再也不想在操场上看到梅森了。"

家长："听起来你对梅森感到担忧。"

儿子："他总是取笑我,因为我不认识《忍者神龟》中的角色。所有的孩子都在玩《忍者神龟》游戏,而我不能加入他们,因为我不知道里面的角色。我没有看过《忍者神龟》这部动画,这真是太不公平了!"

家长："你要是看过就好了。"

儿子："是啊!其他孩子都知道这部动画,他们不和我一起玩,因为我不知道它。"

家长："听起来你感觉自己被冷落了。"

儿子："奥利弗在我们班的时候,情况要好得多。我们俩喜欢在课间四处闲逛或画画。现在,他不得不转去另一所学校了,这太糟糕了。"

家长："你想奥利弗了。"

儿子："奥利弗在的时候,我的课间休息时间要好过得多。不过有时候,卢卡斯也想玩《忍者神龟》游戏,他很酷,总是追求新鲜事物。尽管在课间的时候,我跟奥利弗没有和卢卡斯一起玩游戏,而是选择一起在树荫下散步聊天,梅森也不会取笑我们。啊!我突然想到一个主意,明天我可以问问卢卡斯是否愿意跟我一起玩耍。为此,我可以带上我的《星球大战》游戏卡片！

那么，我明天可以把它带到学校去吗？"

家长："当然可以，亲爱的。"

这位家长没有忽视孩子的问题或使用其他"沟通的绊脚石"，而是向孩子印证他所听到的，让孩子自己解决问题。有时，在我们使用印证式倾听的过程中，孩子会感觉到被倾听和被接纳，他们的故事不断地被抽丝剥茧，就像这个例子中那样。孩子说出了自己的问题，并亲自解决了问题。如果家长说："忘了这件事吧，你明天必须去上学！"那么之后，家长就永远不会知道到底是什么在困扰孩子了。

约翰的故事

哈珀放学回家后，对一个让她难堪的女生感到很不满。她愤怒地描述了那个女生有多么刻薄。我问她当时对那个女生轻蔑的态度有什么反应，她回答说："我皱起了眉头，回敬了过去。"我问她："这有用吗？"她说："没有。"

为了打破她对那个女生的消极想法，我问她，那个女生的哪些方面是她喜欢的或值得称赞的（我当时在试图"解决"这个问题）。"她画画好吗？你喜欢她的头发或者鞋子吗？"

我建议她下次到学校后，一见到那个女生就

主动地赞美几句。

　　星期二，当我去接哈珀放学时，我看到她的眼睛里充满了沮丧。我问她在学校过得怎么样，她泪流满面。这一次，我想到了印证式倾听，我对她说："我很抱歉看到你受到了这样的伤害。在一所新的学校上学有很多困难，我知道这对你来说很难应对。"我让她尽情哭泣，听她诉说班上那个女生如何使她伤心。我没有试图去纠正她的想法，我只是抱着她。

　　一周后，我问她和那个女生相处得怎么样。

她说："还可以。"

让我们来看另一个例子。想象一下，你5岁的女儿拒绝上床睡觉。她焦躁不安，情绪激动地宣布："我今晚不睡了！"此刻你心里想着"哦，天哪！这可怎么办"。但你想起要先承认她正在经历的事情，于是你回应：

家长："听起来你真的不想睡觉。"
女儿："关灯太可怕了。我睡不着。"
家长："黑暗吓到你了。"
女儿："是的。当房间变黑的时候，衣橱里就像藏着一条蛇一样！"
家长："哦，天哪，这听起来真是让人害怕极了！难怪你不想上床睡觉。"（抱抱孩子）

由于父母倾听了孩子，知道真正发生了什么，因此可以有效地帮助孩子。在这种情况下，父母关上灯，躺在床上，注意到挂着的衣服的形状。那些衣服确实看起来像一条蛇！于是在此之后，父母可以在睡前确认衣橱的门是关着的。印证式倾听使问题得到了解决。在学习印证式倾听的时候，要注意适时、适度地运用，既能够在生活中使用这种方法，又要避免在任何对话情境下机械地照搬。

印证式倾听也适用于婴儿和刚学说话的宝宝。想象一下你的宝宝在哭。你可能会说，"不要哭。安静点"。这是在传递这样的信息：宝宝的感受是不被接纳的。

相反，你可以说，"哦，你真的很难过。让我们来看看到底是怎么回事"。你这样说，就是在承认孩子经历的事情。你刚刚喂他吃过饭，孩子应该不饿，所以你检查了尿布。哦，是的，问题就出在了尿布上。"这块湿漉漉的尿布一点都不舒服，是不是？"当你这样说的时候，你实际上是在再次确认孩子所经历的实际情况以及他可能的感受。这些话说明你接纳了孩子以及他的感受，与简单粗暴地说"别哭"相比，这样的态度更能体现理解与包容。你温柔的声音和共情的眼神进一步承认了孩子所经历的，让你们在情感层面上建立了深层的联结。当你对孩子这样说话的时候，你就是在练习运用巧妙的语言技巧，并会使这种沟通方式延续至孩子未来的生活中。

印证式倾听中的错误

当你开始使用这种新方法来印证孩子的感受和经历时,你可能会犯一些错误。最常见的是,当试着用共情的态度倾听孩子的时候,你发现自己并没有处在一个很好的状态下,比如,你可能对孩子感到沮丧和恼火,或者你自己感到疲惫不堪、手足无措。

如果你觉得自己听不进去孩子说话,那就直截了当地告诉孩子:"我现在还没有准备好听你说话。我们能过一会儿再谈这件事吗?"

其他常见的印证式倾听中的错误包括:

- **一字不差地复述**或简单地重复孩子对你说的话。这可能会激怒孩子,并导致更多的冲突。相反,可以用一种表明你真正听到了孩子的方式,来解释孩子对你说的话。
- **夸大或淡化感受**。如果孩子真的很生气或沮丧,而你对他说,"你对比赛取消这件事感到有点失望",孩子可能不会觉得你真的倾听了他。
- **每次印证都以相同的语句开头**,比如不断地重复"我听到你说的是……"。我在刚开始学习这项技能的时候就曾不止一次地因此而遭到女儿的责备!
- **对孩子说的每一句话都用印证式倾听来回应**。还记得安静地倾听吗?沉默或其他简单的承认在很多情况下更加适用。印证式倾听是一个很好的帮助孩子的方式，但我建议在孩子真正遇到问题的时候再去使用它。

印证式倾听是一种需要集中注意力并不断练习的技巧。起初你可能会发现，你在使用这种新技巧时非常不熟练。对此，你不必过分担忧，你应当预料到这种适应过程的存在。练习真的会帮到你！你可以在生活中练习，也可以在工作中练习。当你无意中听到游乐场里其他父母对孩子吼叫的声音时，你甚至可以在脑海中排演自己用印证式倾听来回应。你在印证式倾听方面练习得越多，它就会变得越自然。在与孩子对话时，你也会使用得越熟练。

记住，当孩子遇到问题时，印证式倾听是一种很好的方法。在下一章中，你将学习当你自己遇到问题时应该怎么做。

倾听能够改善关系

对孩子巧妙的回应始于大量的正念练习：觉察此时此刻到底发生了什么，你和他人的感受和想法是什么，以及现在是谁有问题。如果你无法集中注意力，压力过大，或者处于自动驾驶的"待办事项清单"模式，你的反应很有可能会偏离目标。有效解决任何问题的首要步骤都是保持临在——真正地倾听、去看到和听到你的孩子，没有那些时不时冒出来的评判性的想法。当你理智、头脑清醒且保持临在时，你就可以看到是谁的问题，以及你可以如何提供帮助。

因此，持之以恒地进行正念练习至关重要，它是你构建有效沟通的技巧时不可或缺的基础。除此之外，你还需要去觉察生活实践中沟通的绊脚石，在自己、家人和其他人身上觉察它们，觉察人们是如何处理这些沟通的绊脚石的。练习印证式倾听，如果你一开始感到尴尬，这也没什么。如果印证式倾听不是你小时候就养成的沟通模式，那么提醒自己，就像学习一门新的语言一样，给自己一些时间。

我们将在下一章讨论当你遇到问题时应该怎么做。你可以直接跳到那里，但我建议你先花点时间练习这一章中学到的东西。这些方法是相辅相成的。所以，在你采取下一步行动之前，花点时间练习印证式倾听会是更明智的选择。

本周练习

- 每天5～10分钟，每周4～6天的冥想练习或身体扫描冥想练习
- 每周4～6天的慈爱练习
- 觉察沟通的绊脚石
- 练习印证式倾听

第 6 章

巧妙地表达你的需求

"对待一个孩子要像对待他有能力成为的那个人一样。"

——海姆·吉诺特(Haim Ginott)

在怀孕前,我是一个聪明、有才华的女性,我做事有条不紊。然而,在成为一个年幼孩子的母亲之后,我感到了力不从心。当我努力地集中精力降低自己的反应性时,我确实能稍微冷静一些,这在一定程度上对我和孩子的沟通有所帮助。但即便如此,在与孩子交流的时候,我仍然使用了缺乏技巧的语言,这让她几乎在所有时候都拒绝我说的话。

我女儿在家的日常是这样的:她开始抱怨,拒绝穿鞋。我感觉到自己内心的挫败感开始上升。我过去也做过很多困难的事情，我可以做到的。振作起来！我深深地吸了一口气，然后慢慢地呼出，我感觉我的肩膀稍稍放松了一些。

然后，我用温柔的声音说："玛吉，穿上你的鞋子。我们要到外面去了。"

这并没有起作用。"不！我不想去！"

"快把你的鞋子穿上。我们现在就要出去了！"

砰！门被狠狠地撞上。"不！我不想！"眼泪。尖叫。

情况正在急转直下。我失去了冷静，开始对她吼叫。我很惭愧地说，我把她的脚强行塞进了她的鞋子里，我们两个人都哭了，当时痛苦不堪。发生了什么呢？我作为妈妈的严重失败始于我所说的话。我的语言（再次）引发了她的反抗。我使用命令的语气要求她做各种事情，但她并不喜欢这样。

如何满足你自己的需求

在上一章中，我们学习了如何倾听，来帮助孩子解决他自己的问题。倾听是帮助我们与他人建立联结的"金标准"。正念倾听会将存款存入你和孩子的"关系银行账户"中，这样你们就能建立一个更牢固的关系基础。仅凭这一点就能激励孩子更多地配合你，但是当你有问题的时候呢？在这一章中，你将学习如何与孩子沟通，在满足自己需求的同时，保持与孩子的亲密关系和长久联结。

培养对自己需求的觉察

我们每个人都有自己的需求：睡眠、独处时间、安静的环境、与朋友相处的时间、健康的食物、锻炼身体，等等。但作为家长，我们的这些需求经常得不到满足。社会文化使我们习惯于把自己的需求暂时搁置，优先考虑孩子的需求，尤其是在孩子的婴幼儿时期。我们中的一部分人也因此自然而然地倾向于把自己对锻炼身体、冥想以及与朋友相处的需求，放到孩子的活动之后。如果你发现自己也有这样的倾向，那么请你听清楚：

你的需求和孩子的需求一样重要。

对于解决相互竞争的需求这个问题，答案不是假装你没有需求，或者你的需求无关紧要，又或者你的需求可以推迟到孩子成年之后。为了维系一段健康、持久且没有负面情绪积累的关系，你必须开始正视并重视自己的需求。

那么，你的个人需求是什么呢？通常情况下，我们习惯于否认自己的需求，以至于我们可能忽视了除基本需求之外的其他层面的需求。花一点时间做下面的练习，看看你的哪些需求亟待得到更多的关注。

练习1：你的需求是什么

看一看下图（见图6-1）列出的基本需求。这份清单并没有面面俱到，只是帮助你建立自我觉知的一个起点，来看看你的生活中可能需要更多关注的方面有哪些。记住，当你的生活里包含自我照顾时，孩子会以你为榜样，从中学习。在你的阅读日志中，写下自己的哪些需求需要得到更多的关注。

情感	和谐	休息或睡眠
空气	幽默	安全感
欣赏	认同感	自我表达
外貌美丽	独立	性
选择的权利	亲密	庇护所
沟通	喜悦	空间
归属感	学习	稳定性
友谊	爱	激励
舒适	哀伤	支持
共情	运动或锻炼	抚摸
平等	秩序	信任
食物	目标感	温暖
自由	尊重或自尊	水
自我成长		

图6-1　人类的基本需求

现在，想想你如何才能更好地满足自己那些被忽视的需求。本周你可以采取的具体行动有哪些呢？比如安排一次咖啡约会或者预约儿童托管？在阅读日志中写下你计划要做的事情，然后行动起来！

做个有健康界限的榜样

还记得孩子是多么擅长模仿我们吗？当我们以身作则，展示如何照顾自己的需求时，孩子也会在他自己的生活中做到这一点。如果你是一个喜欢讨好他人的人，那么这可能是因为你的父母常常会把自己的需求放到最后。是时候打破这种不健康的代际模式了，为了你自己，也为了你的孩子。如果你想养育出一个懂得体谅他人的行为得体的孩子，就需要一些巧妙的方法，来让孩子知道他的行为正在影响着你的需求。

孩子需要健康的界限。研究表明，放任和纵容孩子的父母不坚持健康的界限和适当的行为期望，养育出的孩子更有可能以自我为中心，缺乏自我调节和冲动控制能力（Shapiro & White，2014）。为了我们自己和孩子的心理与情绪健康，我们应该设定健康的界限，而不是让孩子为所欲为。

从科学的角度来看，儿童的大脑发育还不成熟。因此，我们应该预料到，在教育孩子的过程中，我们将不可避免地被孩子惹恼、干扰或产生挫败感。孩子可能会表现出冲动、混乱和具有破坏性的行为，他们做出这些行为并不是出于恶意，仅仅是为了满足自己的需求。当孩子的行为与我们的需求产生冲突时，我们必须找到不会引起孩子怨恨和反抗的沟通方式，这样我们才能与孩子保持持久、有力的联结，进而保持我们对孩子的影响力。

阻碍亲子沟通的绊脚石

正如我们在上一章中所做的那样，现在让我们来看看什么样的话是不该说的。"沟通的绊脚石"这一比喻同样也适用于此：

- 命令
- 威胁
- 建议或提供解决方案
- 责备
- 辱骂或评判
- 否认

使用这些方式进行表达可能会阻碍你与孩子的沟通，甚至可能引发孩子对你的怨恨。

要理解为什么这些表达方式是绊脚石，最好的方法就是亲身体验它们。在接下来的练习中，请你想象一下，如果你是一个孩子，你的父母使用这些语言与你沟通，你会有什么样的感受呢？

◉ 练习2：体验"绊脚石"

想象一下，你是一个6岁的孩子。你把零食乱丢在地板上（如果这样想象很困难，想象你与室友在一起的场景）。你全神贯注在其他事情上面（一本书、一个谜题、一项任务），忘记了收拾垃圾。想象一下你的父母对你说以下的话，并从孩子的角度写下你真实的回答。这些话让你有什么样的感受呢？真正设身处地从孩子的角度出发。

"马上把它捡起来。我不想让乱七八糟的东西留在这里。"（命令）

"如果你现在不把它捡起来，我就会取消你的屏幕时间⊖。"（威胁）

"你知道你不该把这些垃圾扔到地板上的。"（责备）

"你有时真是懒！把你的烂摊子收拾干净。"（辱骂或评判）

"如果我是你，我会在吃完零食后马上扔了垃圾。"（建议或提供解决方案）

在阅读日志中写下你的感受。把它读给你的伴侣听，并邀请他/她记录下他/她的想法和回答，这会对你们有所帮助。让这项练习成为你们未来沟通的新起点。

⊖ 指看电视、使用电脑和其他电子产品的时间。——译者注

在上面的练习中，这种表达方式给你带来了什么样的感受呢？你是想要配合对方，还是觉得有些怨恨呢？你的发现可能会让你豁然开朗。如果你意识到，自己过去习惯性的表达方式已经成为孩子怨恨和反抗你的根源，那么去练习第 3 章中的自我关怀吧。请记住，这种缺乏技巧的表达方式很可能并不是你有意选择的，而是你无意中从你的父母那里继承的。你完全有能力改变它。当你开始练习使用更巧妙的语言与孩子沟通时，你会发现，随着时间的推移，这样的沟通会变得更加容易且更加自然。

命令。让我们来看看第一个绊脚石：命令。"马上把它捡起来，我不想让乱七八糟的东西留在这里。"从孩子的角度来看，我们很容易理解为什么命令会导致孩子怨恨父母。孩子每天都承受着来自成年人无尽的指令，这些指令如同雪崩一般压向他们。他们抗拒大人们对他们行为的指手画脚。父母仿佛正挥舞着鞭子，逼迫孩子执行他们的命令，而孩子可能只是想要维护自尊。

威胁。第二个绊脚石是威胁。"如果你现在不把它捡起来，我就会取消你的屏幕时间。"威胁会在孩子身上引起类似的反抗。孩子觉得自己受到了胁迫和操纵。在这种情况下，孩子被逼到了角落里，要么反抗，要么屈服，但无论是哪种情况，都会引起他们的怨恨。虽然威胁在那个当下可能会"奏效"，但它会降低孩子在未来主动配合你的可能性。

责备。"你知道你不该把这些垃圾扔到地板上的。""你有时真是懒！把你的烂摊子收拾干净。"责备和辱骂都是一种贬低。父母通过这些话强调了孩子的错误，并暗示孩子性格有问题。孩子可能会感到内疚、不被爱和被拒绝。他们会觉得父母处理事情不公正，因此经常会主动抗拒父母的要求。从孩子的角度来看，配合父母（或服从）就是承认父母说的话是正确的。

辱骂或评判。这种对孩子的贬低代表了对孩子的否定，会对孩子以及你们的关系产生破坏性的影响。你与孩子之间的亲密与联结使孩子想要配合你，而责备和辱骂会破坏你们之间的联结，所以应当彻底避免。

建议或提供解决方案。你是否有很多解决问题的方案？"如果我是你，我会在吃完零食后马上扔了垃圾。"这种说法也许不像其他沟通的绊脚石听起来那么刺耳，但它通常也不会产生预期的效果，并且还可能激起抵触和怨恨情绪。你是否有过这样的经历：当你正准备为某人做一件对他有利的事情时，那个人却指挥你去做你本来就打算做的事？你的反应可能是"我不需要你来告诉我该怎么做"，或者，你可能因为对方不信任你而感到恼火，反而不愿意去做那件事了。建议和命令是一样的：孩子不喜欢别人告诉他应该做什么。建议和命令也传达了这样一个意思，即你不相信孩子能独立地解决问题。

你能看出这些非常典型的反应是如何引起孩子的怨恨的

吗？这些反应往往在孩子身上形成了一种反抗的模式。当我们设身处地从孩子的角度考虑时，我们便会意识到，某些在对话中使用的沟通方式实际上是非常不礼貌的，甚至是非常粗鲁的。虽然这种与孩子沟通的方式是可以被社会所接受的，但是这些绊脚石最大的问题可能在于它们是无效的。这种表达方式实际上适得其反，因为它导致了孩子的反抗和怨恨，使他们不太可能想要配合我们。

"你"信息的问题

如果你仔细看了上面讨论的所有缺少技巧的表达方式，就会发现它们有一个共同的特点：信息都是关于"你"的——另一个人。孩子将"你"信息视为评判性的表达，这会激起他们的怨恨情绪。如果我的需求没有得到满足，比如，我感到疲惫，脾气暴躁，无法享受私人的生活空间，而到处都是孩子的玩具和杂物——这是"我"的问题，而不是"你"的问题。

然而，我们却用"你"信息来表达自己的不满，在这个过程中批评孩子。

一种更好的表达方式

好消息是，既然语言和表达习惯是习得的，那么它们也是可以改变的。清醒地认识到我们习惯性的沟通方式和模式是无效的，是打破这些旧模式，并创造新的、更有效的表达习惯的关键一步。请不要因为说得不好而责备自己或感到羞愧。取而代之的是，庆祝你已经开始意识到了这一点，并把这作为你与孩子正念沟通新模式的起点。

改变意图

我们不能在没有地基的情况下盖房子。我们的意图（intention）构成了我们沟通的基础。要改变我们的表达方式，首先必须改变我们的意图。

事实上，在与孩子的互动中，我们通常试图操纵他们，要求他们去做一些事情。我们需要改变这种思维方式，由试图改变他人转换到表达我们自己未满足的需求上。这正是正念练习的用武之地——它帮助我们更清晰地觉察到表象之下的真实情感和需求。无论在什么样的情境下，我们都可以充满好奇地探索那些未被满足的需求。当我们进入这个更深的层次时，我们就会对自己和孩子产生更多的慈悲。我们可以带着好奇和关爱的意图来表达自己的需求——无论是在对待自己时，还是在对待他人时。

然而，我们的出发点通常是截然不同的意图。我们的潜意识可能是：我不信任你，我必须让你去做我要你做的事情。让我们想一想，如果你改变自己的意图，变成：我需要确保我的需求得到满足，那么你在与孩子互动时，可能会发生怎样的变化呢？在所有的人际交往中，我们都在努力满足自己的需求。当我们开始在自己和孩子身上看到这一点时，责备和评判就会自然而然地减少。

意图很重要，因为如果我们使用这种沟通的新语言，却没有改变我们的旧意图——操纵孩子，新语言可能就不会奏效。孩子会看穿我们的"虚伪"，抗拒这些信息，认为这是一种变相的控制。如果我们只是尝试应用"技巧"，而不是出于好奇和关爱的意图，孩子是能够感受到区别的。

我们已经看到，威胁和命令会降低孩子配合我们的意愿。那么是什么让孩子想要配合我们呢？你需要与孩子建立牢固的联结，并向他真诚地表达你的感受，告诉孩子他的行为是如何影响你的需求的。

巧妙地处理冲突："我"信息

如果我们不去责备和羞辱孩子，而是去看到孩子的行为对我们的影响，我们的表达自然而然就会转向"我"的角度。"我"信息是一种久经考验的巧妙沟通的技巧，使用这种技巧的时候，我们的陈述通常以"我"开头，而不是"你"。"我"信息很棒，因为它既可以帮助我们满足自己的需求，又不会让孩子处于对抗的状态。"我"信息还有助于我们对自己的感受负责，而不是向孩子暗示我们的感受是由他们造成的。我们可以在不批评孩子的情况下，以尊重的方式向他表达自己的需求、期望、问题、感受或担忧等。我们甚至可以使用"我"信息来更加巧妙地表达对孩子的赞美和欣赏。

正如我们所看到的，那些不是很有效的冲突解决方式都是以"你"开头的：

"**你**留下了一个烂摊子。"

"如果**你**不停止这样做，接下来……"

"**你**应该知道得更清楚。"

"**你**的行为就像小孩子一样。"

"**你**不应该那样做。"

当我们转变表达方式，告诉孩子他不被接受的行为给我们带来了怎样的感受时，语言就变成了"我"信息：

"当我看到这一大堆乱七八糟的东西时，**我**感到很气馁。"

"**我**现在不想比赛，因为我累了。"

"当我们必须赶时间的时候，**我**会感到压力很大。"

孩子收到的是一条"我"信息，即关于父母感受的事实陈述，因此它造成的阻力较小。

如何使用"我"信息来应对孩子棘手的行为呢？首先，你需要通过你的正念基础来审视自己：这种情况让你感觉怎么样呢？你有什么样的想法和需求呢？你的身体有什么样的感觉呢？

一旦你意识到孩子的行为对自己的影响，你就可以真诚地与孩子分享这一点。当你坦诚、友善地表达你的感受时，孩子就没有什么可辩驳的了。你的表达在这种情况下引起了孩子的共鸣，而不是反抗。这样的表达方式可以使孩子配合你，因为他想要配合你，而不是被迫这样做。

例如，回想一下那个把零食弄得满地都是的孩子。想象你就是那个孩子，这一次，你的父母蹲下来，和你的视线平齐，看着你的眼睛说："我觉得很沮丧，因为这些垃圾留在了地板上，我现在不能使用这个房间了。"作为孩子的你，感觉怎么样呢？你对此会怎么回应呢？

托马斯·戈登（Thomas Gordon）创造了"'我'信息"I-Messages）一词，并在《父母效能训练手册》（*Parent Effectiveness Training*，1970）中首次对其进行了描述。根据戈登的说法，一个清晰的"我"信息由三个部分组成：对行为不加指责的描述、行为对你的影响，以及你的感受。

描述行为。使用简单的陈述，不带任何评判地描述行为。例如，"当你不梳头发的时候……"而不是"你的头发太乱了"。

描述一种具体的、明确的影响。这对你有什么样的影响呢？要注意，这一定是发生在你身上的，而不是你的兄弟姐妹或者其他人受到的影响。你要想想，是"你"的哪些需求没有得到满足呢？这可能造成了以下实际的后果：

- 花费你的时间、精力或金钱（例如，更换垫子、修补破洞、做不必要的差事等）。
- 阻止你做你想做或需要做的事情（例如，准时到达某个地方，使用互联网，保证你的房间干净整洁等）。
- 让你的身体不舒服或让你感到不安（例如，很大的噪声、疼痛、紧张等）。

分享你的感受。对于他人的行为，你直接、真实的反应是什么呢？你是否感到失望、怨恨、受伤、悲伤、尴尬或者害怕呢？"我"信息要求我们走出全知全能的父母角色，成为真实的人。这要求我们认真地向内看，而不是情绪化地做出反应。这需要我们暂停下来，然后思考应该如何应对。

"我"信息在生活实践中是什么样的呢？

"我告诉过你现在就把玩具收起来！"变成："你的玩具弄得满地都是，我踩到了它们，弄伤了我的脚，所以我感到很恼火。"

"别踢我，这是一种恶劣的行为！"变成："哎呀！你这样做真的伤到我的小腿了!"

"别叫了!"变成:"当你大声喊叫的时候,我无法听清任何内容,我感到暴躁和懊恼。"

"你太懒了!从来不清理垃圾。"变成:"当我看到这一堆乱七八糟的东西时,我感到很失望。"

◉ 练习3:不加评判地描述

想要阻止自己的评判脱口而出往往并不容易!因为我们的大脑在不断地评估环境的威胁,所以评判会很容易且很经常地出现。没有关系。请记住,你所练习的东西会日益巩固,并使你变得更加强大,所以让我们来练习不加评判的描述吧。

在你的阅读日志中,练习把下面的话变成对行为不加指责的描述:

当孩子拒绝帮忙收拾餐具时说:"你太自私了!"

当孩子把衣服弄得满地都是时说:"不要这么邋遢。"

当孩子取笑他的兄弟姐妹时说:"你那样做太粗鲁了。"

当孩子不收拾玩具就离开时说:"你总是留下一个烂摊子。"

当我们不再用语言责备和评判孩子时，我们自然而然地会与孩子建立更紧密的情感联结。即使这并不容易做到，也无须过分焦虑。即使是简单地停下来，想一想接下来要说些什么，也有助于你改善自己的表达方式。

"我"信息是在不引起孩子抵触情绪的情况下，与他进行沟通的最巧妙的手段。但这做起来并不容易，需要技巧和练习。你需要蹲下来，和孩子的视线平齐，与他进行眼神交流，沟通时重复使用几次"我"信息。

预见会有阻力

"我"信息有时可以立刻改变人们的行为，但并不总是如此。如果我们已经习惯了使用"沟通的绊脚石"，孩子很可能不会接受我们的"我"信息，至少一开始不会。因为他们已经形成了反抗你的习惯。把这种阻力想象成一列火车，火车正在以每小时 90 英里⊖的速度朝一个方向移动，你想让火车掉头，但它有巨大的惯性。这意味着，你需要一些时间和持续的努力才能让火车停下来，掉头，然后朝另一个方向驶去。但你付出的努力是值得的。随着你不断地练习，从长远来看，养育孩子会变得越来越容易，你付出的努力也会得到更大的回报。

你可能会觉察到，有时候使用"我"信息对孩子可能不起作用，因为孩子的行为满足了他的强烈需求，而他想不出其他

⊖ 1 英里 ≈ 1.609 千米。

办法来满足这一需求。在下一章中,我们将深入探讨如何处理这些更具挑战性的冲突。

使用"我"信息时的常见问题

当你学习这种新的表达方式时,不可避免地会犯一些错误。让我们来看看使用"我"信息时会遇到的一些常见问题。

伪装成"我"信息的"你"信息。每当你想在"我感觉"之后加上"似乎"一词时,你很可能不是在描述你的情绪:"我感觉你似乎太自私了。""我感觉你似乎根本没有在听我说话。"简单地以"我感觉"开头并不能使一句话成为"我"信息。

自相矛盾或不真实的感觉。当我们轻描淡写或夸大自己的感受时,孩子能看得出来,他会认为我们是不诚实的。例如,当你看到年幼的孩子拿着除草机狂奔时,你轻描淡写地说:"我觉得有点不舒服,因为你可能会受伤。"或者你夸大自己的感受说:"我对你在奶奶家的座椅上扭动身体的行为感到震惊和目瞪口呆。"在这两种情况下,使用"我"信息时,你对真实情况进行了轻描淡写或者夸大,这意味着孩子会看穿你的虚伪。

遗漏了行为造成的影响。有时候,仅仅告诉孩子你对他行为的感受就足够了,但如果这不起作用,问题可能是你忽视了向孩子解释他的行为是如何影响你的。当我对我的女儿说"你吃饭时摇晃桌子,我觉得很烦躁"时,她可能不会太在意。但如果我加上"而且我吃不下饭了",那就会有很大的不同。

这种对影响的描述可能是"我"信息中最难的部分。你该如何描述一般的应激反应呢?我意识到自己的身体出现不适,比如肌肉紧张,这是一种合理的、正常的反应。你可以说:"当你在房间里吹高音口哨的时候,我感到恼火和烦躁,我脖子周围的肌肉绷得紧紧的,我根本无法放松下来!"

说明行为对其他人的影响。当"你"信息的发出者受到影响时,你将更有可能成功地使用"我"信息。在处理孩子与他兄弟姐妹的冲突时,我们通常会犯错误。例如,你可能会说,"我为我看到的事情感到难过。你打伤了你的妹妹"。尽管这是一条重要的信息,但在那个时刻,它并不能打动人。取而代之的是,你可以说,"我现在感到非常悲伤和不安。在看到你打妹妹的时候,我一刻也不能放松,也无法享受与你们在一起的时光了"(然后安慰受伤的人)。

如果你在另一个房间喊话,你的"我"信息可能不会起作用。如果你的意图是让孩子感到羞愧或是责备孩子,那么你的话也不会起作用。永远记住,是你与孩子的联结构成了他主动配合你并帮助你满足需求的基础。所以首先,你要与孩子建立联结:停止你正在做的事情,蹲到与孩子视线平齐的位置,看着孩子的眼睛,然后分享你想要表达的。写下这句口诀:

先建立联结，再引导纠正。

为了让你们在冲突中的对峙充满爱意且有效，你需要从一个不具有评判性的角度出发，满足自己的需求，维持你与孩子的良好关系，并帮助孩子看到他行为的影响。

积极的"我"信息

在结束"我"信息这节之前，我想要指出的是，"我"信息也是传达积极信息的一个强有力的方法。原则是，使用"我"信息来使我们的赞扬更具描述性且更加具体化。例如，不要说"你真是个帮助妈妈的好孩子"，你可以说，"当我看到你帮助妈妈收拾桌子时，我感觉开心极了"。在车站迎接我的女儿们时，我通常会说，"我见到你们太高兴了"，而不是问她们当天在学校的情况。

积极的"我"信息是一种很好的方法，可以在孩子的情感银行账户中"存钱"。当你把精力集中在认可孩子积极的方面时，你就与孩子建立了一种很强大的联结，这对你以后纠正孩子的问题行为有很大的帮助。

❀ 练习4：创建一条积极的"我"信息

接下来，练习向你的伴侣、朋友或家人表达你的感谢，这样他就会知道你有多么在意他。想想那个人说过或做过什么事情，点亮了你的生活，让你觉得自己的生活变得更好了。你要怎样不加评判地描述这种行为呢？这种行为对你的生活有什么样的影响呢？这让你感觉怎么样呢？现在，在你被其他事情分心之前，拿出你的手机，给这个人发一条积极的"我"信息吧。留意这条信息是如何让你们之间的关系变得更好的。

在练习"我"信息的前期，你需要付出很多努力，但从长远来看，这是值得的。如果我们在养育孩子时不断地使用威胁，那么随着时间的推移，教养这件事就会变得越来越困难。但如果我们用爱和有效的沟通来回应孩子的行为，比如使用"我"信息，那么随着时间的推移，教养就会变得越来越容易，因为孩子已经习惯了被尊重和尊重他人。

现在，让我们来看看其他一些可以满足我们需求的方法，使我们避免成为令人讨厌的、刻薄的父母。

使用"朋友过滤器"

在你压力很大的时候，特别是在你刚开始学习使用"我"信息的时候，你可能会发现运用"我"信息这一技巧颇具挑战性。另一种更巧妙的沟通方式是使用"朋友过滤器"。

我们会对孩子发号施令，责备他、威胁他、辱骂他，但我们永远不会对我们的朋友或朋友的孩子这样表达。

我们对孩子不断地发出命令，如"穿上你的鞋。""刷牙。""到这里来。"从孩子的角度来看，我们的命令是冷漠的。孩子对所有这些控制性的表达会感到恼火。这些表达是在从关系银行账户中"提款"，使得父母与孩子之间的联结减弱。

我并不是说你不应该让孩子刷牙。但你能说得更加巧妙些吗？使用"朋友过滤器"，问问自己：我会如何对一个朋友说这句话呢？或者我会如何对我朋友的孩子说呢？这种思维方式在各种场景下都适用——从餐桌礼仪到游乐场。

它还可以帮助你记住使用"我"信息："把你的脚从沙发上放下来"变成"哇！我真的很担心鞋子会弄脏我的沙发呢"。"刷牙"变成"嘿，小朋友，现在是刷牙的时间哦"。问问自己，如果是对朋友的孩子说这句话，怎样表达更为合适呢？

另一种避免使用接连不断的命令的方法是，设定只使用一个词的限制。就像我们对朋友所做的那样，你指着头盔，只是简单地说，"头盔"，而不是大声命令说，"戴上你的自行车头盔"。

以游戏的形式设定界限

我们不仅可以在设定界限时不那么严厉，甚至可以给这个过程增加一点乐趣。态度和能量是有感染力的，所以如果我们能适时地表现出一些幽默，无疑会让每个人的状态都变得更加轻松，从而让孩子对我们的要求不那么抗拒。以游戏的形式设定界限是一个很棒的想法（如果我们能够真正用好它的话），而且这毫无疑问是一项我们可以通过练习不断加强的技能。

心理学家劳伦斯·科恩（Lawrence Cohen）在他《游戏力》（*Playful Parenting*, 2001）一书中讲述了玩耍和嬉笑是怎样帮助父母培养与孩子更紧密的联结，以及解决问题的。他的指导方针是：如果你的做法能让孩子咯咯笑起来，那你就做对了。

这里有一些建议，可以让你在自己的需求得到满足的同时，以游戏的形式为孩子设定健康的界限。

- **融入角色扮演中**。"特别探员妈妈"前来报到，负责洗澡任务！或者扮演一个刚刚来到地球的外星人，然后问你的孩子（尽你所能地模仿外星人的声音）："这些是什么东西呢？你能教我怎么打扫卫生吗？"你可以扮演牛仔、公主等。用滑稽的方式来设定你的界限，让孩子咯咯笑起来，你就成功了！
- **反其道而行之**。以一种滑稽且夸张的方式，要求孩子去做与你想让他做的相反的事情。"请你不要进浴缸。别这么做！你知道我讨厌一个干干净净的孩子！哎呀，太糟糕了，你正在使用肥皂！"有时，孩子抗拒我们给他设定界限，只是因为他感到无能为力。夸大相反的立场，可以让孩子感觉到他们也拥有一些属于自己的力量。

- **使用滑稽的语言或唱滑稽的歌曲**。如果你在这个过程中配上一支舞蹈，这会给你加分！不妨尝试用你最拿手的机器人声音，并模仿机器人的音效："哔啵！洗澡时间到了！"此外，当你能够唱歌的时候，为什么还要用语言来表达呢？"鞋子，鞋子，是穿鞋的时候了！"比起平时的命令，孩子在歌声中配合我们要有趣得多。试着用《侠骨柔情》(*My Darling Clementine*) 主题曲的曲调唱："哦，亲爱的，哦，亲爱的，真的该走了！你在玩，也不想走，但我们该走了！"

- **讲一个稀奇古怪的故事**。这个故事可以非常简短，并且非常滑稽。"我有没有告诉过你，公园里有只小蓝猫没有待在妈妈的身边呢？"你的目标是让孩子咯咯笑起来，并且让故事具有非常明显的寓意。

- **表现得没有能力**。当你表现得好像不会做最基本的事情时，孩子会觉得很滑稽。"哦，不，我忘记怎么离开这个公园了，我找不到出口！是不是在这里（撞到树上）？""该刷牙了！等等，我的牙齿在哪里呢？它们在这里吗（把牙刷放在耳朵或手肘上）？""睡觉的时间到了！我好累啊！让我躺到这张舒适的床上（躺在孩子身上，但不要伤到他）。"这样的方式不仅会逗得孩子咯咯笑，还会让他们在帮助你的时候感觉自己是个能肩负重任的"小大人"。

- **使用玩偶、玩具或者手来扮演角色**。是否有一些界限是你想要给孩子设定的，但是一再遇到阻力，并令你感到困扰呢？你可以使用玩偶或毛绒玩具来进行情景表演。跟随孩子的节奏，允许他创造性地解决问题或者进行角色扮演。在条件有限时，你不一定非要用一个木偶，也可以简单地用手来扮演一个顽皮的角色。

我们渴望与孩子建立发自内心的联结——一种可以持续多年的联结。如果我们能够调动自身的能量，以幽默的方式代替严肃和苛刻，给日常活动增加一些趣味，我们就能建立起这种可以持续多年的联结。我们可以在设定界限的同时，拥有那些我们想象中的积极的、微笑的时刻，即孩子在我们的眼中闪闪发光的时刻。

有爱且有效的表达习惯

如果到现在为止，你对新的表达习惯还不够熟练，那也不是你的错。请不要因为使用了过去的表达习惯而责备和羞辱自己或伴侣，因为一代又一代的命令和威胁模式延续到了我们的身上。但至少现在我们清楚地意识到了这一点，我们可以改变这种延续下来的模式，并做得更好。

你也不用觉得必须设计出完美的"我"信息或是找到最佳的机器人声音来进行这个练习，才能使事情朝着积极的方向发展。就像做任何其他事情一样，随着时间的推移和不断的练习，你完全可以更好地掌握这些新技能。如果在一开始你感到尴尬，也请不要放弃，这是很正常的。相反，你应该做好打一场持久战的准备，坚持不断地练习。练习的关键在于取得进步，而不在于完美。

当你能够将这些技巧融入日常生活中时，就会逐渐发现孩子对你的抵触情绪越来越少。与使用命令和威胁不同的是，随着时间的推移，使用"我"信息和以游戏的形式设定界限，将使养育孩子变得更加容易。为什么呢？因为孩子知道他可以信任你，他相信你会尊重和体贴地对待他，所以他愿意真诚地配合你。使用这种表达方式有助于培养孩子与生俱来的共情能力。他会把你看作一个真正的人——有自己的感受和需求。

"我"信息和以游戏的形式设定界限并不是魔法。它们不能每一次都改变孩子那些影响你需求的行为。有时候，孩子的需求很强烈，而你的需求正好与他的冲突了。在下一章中，你将学习如何处理这种情况。你现在正处在一个新的起点，要学习一种表示尊重、友善和体贴的新语言。当你开始将这门新语言带入生活中时，孩子会学习你巧妙沟通的技巧，并开始在自己的生活中运用它们。虽然这可能需要一段时间，但不必担心，请继续练习下去！随着时间的推移，转变会一点一点地发生，可能会让你和孩子的生活发生翻天覆地的变化！

本周练习

- 每天5～10分钟，每周4～6天的静坐冥想练习或身体扫描冥想练习
- 每周4～6天的慈爱练习
- 觉察沟通的绊脚石
- 使用"我"信息
- 以游戏的形式设定界限

第 7 章

使用双赢策略解决问题

"我们并没有教会孩子如何将自己的需求与身边其他人的需求相协调,而是强迫孩子做我们想让他做的事情,因为这样做似乎更加高效,或者因为我们缺少精力或缺乏能力来以一种更为恰当的方式处理这件事。"

——奥伦·杰伊·索弗(Oren Jay Sofer)

就在我刚到工作室写这部分内容的时候,我的大女儿突然向我跑过来,她说:"妈妈,屋子里发生了冲突,爸爸说我应该找你过去。"进屋后我发现,我刚刚错过了一次孩子们重要的情绪宣泄时刻。此刻,我最小的孩子正躲在我丈夫的怀中哭泣。显然,女孩们在分享和协作方面一如既往地遇到了难题。

在过去，我可能会像法官和陪审团一样，自上而下地向孩子们传达我的决定。这一次，我若有所思地听着每个女儿讲话（偶尔提醒另一个不要插嘴）。我总结并重新叙述了我对她们所说内容的理解。然后，我运用了正念育儿的"柔道式"策略：谈到了每个女儿的需求，而不是解决方案。她们都需要公平！一旦弄清楚了这一点，她们就能达成一致，找到解决方案。

冲突是家庭生活中非常正常、自然的一部分，我们应该能够预见冲突会发生。事实上，研究表明，兄弟姐妹之间平均每一个小时就会发生一次冲突，父母与他们的青春期孩子则平均每天会发生一次冲突（Bögels & Rstifo，2014）。我们对冲突有如此多的抵触，但当我们接受冲突是正常的事情时，就会更容易放下由冲突而产生的愤怒。还记得那个等式吗？伤痛 × 抗拒＝痛苦。是时候提前预见冲突，并接受冲突是人际关系中不可避免的一部分了。当孩子们打架或我们与伴侣发生冲突时，我们不必感到内疚，也不必觉得这是我们的错。冲突是正常的。

为什么冲突是正常的呢？因为我们都有需求，而且经常以干扰他人需求的方式来满足自己的需求。我可能非常迫切地需要一些安静的时间，而我 6 岁的孩子需要跳来跳去，来释放他多余的能量。如果孩子的强烈需求干扰了你的需求，就会产生"需求冲突"。保持理智和冷静、练习印证式倾听，以及使用"我"信息可以帮助你掌控其中的许多情况。但是，当这些方法都不管用时,你该怎么做呢?你需要更详尽的冲突解决技巧。这就是本章的全部内容。

> 我们已经看到,冥想可以提高你的幸福感、韧性和冲动控制水平。静坐冥想练习可以帮助你减轻应激反应,这样,当那些不可避免的问题出现时,你就可以更加平静地去处理它们。正念冥想是我们使用冲突解决技巧的基础,它可以帮助我们建立基于人的联结,以一种富有慈悲、深思熟虑的方式做出回应。

传统的冲突解决方案

当我们期望孩子完成某项任务,而我们在沟通上的努力没能达到预期效果时,我们应该如何应对?这往往是我们实际检验并实践解决方案的关键时刻。在传统模式下,一方"赢了",即其需求得到了满足,而另一方则"输了"。如果我们倾向于采用"专制型养育"(authoritarian parenting)方式,那么根据这种育儿理念,这样的结果或许会让我们感到满意。

"专制型养育"与冲突解决

在专制型养育方式中,问题的解决方案是由家长像上级一样传达给孩子的。家长制定规则,孩子则必须无条件遵从。

专制型养育方式源自这样一种观念，即为了孩子的健康发展，孩子在犯错误时应受到惩罚，而在表现良好时应获得奖励。专制型养育的目的是教孩子服从父母的所有要求。当父母使用权威手段对孩子施加身体或心理压力时，孩子出于对惩罚的恐惧，往往会选择服从。尽管这种做法看似传统且合理，但使用权力和威胁来养育孩子的父母会为孩子的服从付出高昂的代价。

如果你在8年前告诉我"我不会对我的孩子使用惩罚"，我会认为你疯了。如果不使用惩罚，我该如何有效地约束孩子的行为呢？我记得那时我结识了附近的一个新邻居，他们在教育孩子时没有使用对孩子行为"叫停"的做法，也没有采取任何手段来惩罚孩子的错误行为，我当时认为他们是痴心妄想。我可不想成为那种对孩子放任自流的家长。然而有趣的是，如今我也放弃了惩罚手段，并且已经多年未使用惩罚来教育孩子了，而我的孩子并未因此变得无法无天。对此，我非常感谢那对父母。

我以前关于惩罚的想法存在两个误区：①我没有意识到孩子从惩罚中学到了什么；②我没有找到明确有效的替代惩罚的方法。

孩子从惩罚中学到了什么

惩罚最大的问题之一是，它实际上并没有教会孩子任何有用的东西。专制型养育方式的前提是，如果父母惩罚孩子的不当行为，孩子就会看到自己的问题，并想要改正。但惩罚实际上教会孩子的是，无论公平与否，拥有最大权力的人就是赢家。这也意味着当孩子自己拥有更多权力的时候，他也会把自己的解决方案强加给实力较弱的人。

惩罚会导致怨恨。虽然孩子对惩罚的恐惧在短期内会占上风，但从长远来看，惩罚会降低孩子配合你的可能性，因为他已经学会了憎恨惩罚他的人。这种愤怒和怨恨会在孩子的内心积聚，侵蚀你与孩子之间的亲密联结。

惩罚可能会给孩子造成心理伤害。体罚和严厉的口头惩罚（对孩子吼叫）都会对孩子造成持久有害的影响。体罚，比如打屁股，对孩子有特别大的伤害。越来越多的证据表明，体罚与一些不良后果具有相关性。比如言语和身体攻击；不端行为、反社会行为和犯罪行为；较差的亲子关系；受损的精神健康；以及对配偶和孩子的虐待（Gershoff et al., 2010）。

对孩子吼叫也好不到哪里去。一项对 967 个家庭的纵向研究⊖发现，青春期早期严厉的言语管教可能会对孩子之后的成长造成不利的影响，增加孩子在学校行为不端、对家长撒谎、偷窃或打架的风险。此外，家长的敌意⊖增加了青少年的犯罪

⊖ 指在一段相对长的时间内对同一个或同一批被试进行重复的研究。——译者注
⊖ 指父母在管教孩子的过程中，总是板着面孔教训孩子、威胁孩子，给孩子带来敌对的感觉。——译者注

风险，并助长了孩子身上愤怒、易激惹和好斗的品质（Wang & Kenny，2013）。一句话概括：吼叫只会让行为变得更糟，而不是更好。

惩罚会让孩子以自我为中心。惩罚使孩子把注意力集中在他所遭受的"后果"上，而不是他对其他人的影响上。这会让孩子变得更加以自我为中心，缺乏对他人的共情。通过惩罚进行的教育可能教会了孩子只关注自身的感受，并把问题推诿给他人。同时，由于感到委屈，孩子可能不愿意为自己行为造成的后果做出补偿。

惩罚教会孩子撒谎。惩罚会鼓励孩子在未来尽量避免遭受同样的处罚，所以孩子会学会偷偷摸摸地撒谎，来避免自己的不当行为被发现。在这种情况下，惩罚就会滋生不诚实的行为。

惩罚无法教会孩子好的行为。使用惩罚最大问题之一是，孩子并未真正学会如何做出正确的行为。他只知道，一旦犯错，自己就会被贴上"坏孩子"的标签，并可能遭受某种形式的伤害（如果他的行为被发现）。由于过度关注惩罚带来的痛苦，孩子往往不知道该如何对他人的感受负责。这样，他的动机就仅限于避免受到惩罚，从而丧失了许多培养内在美德的机会。另外，孩子还会效仿我们表现出的权威行为，学会用力量去对付比自己弱小的人。如此一来，孩子既没有学会考虑自己的需求，也没有学会考虑他人的需求，更无法学会如何公正地满足并尊重这些需求。

惩罚会让孩子更不愿意配合父母。惩罚，甚至是简单粗暴的叫停行为，往往会对亲子关系造成损害，导致孩子在面对问题时变得不愿配合或协助父母。在解决冲突时，孩子感觉自己没有选择的余地，因此他对遵循父母所提出的解决方案会表现得缺乏内在动力和积极性。这使得在冲突解决中，父母不得不成为"强制执行者"，强制孩子去做一些事情。孩子会对父母感到怨恨和愤怒，这使得他不太可能配合你。孩子会认为是你导致他痛苦的，因此，他对你的愤怒和怨恨会累积起来。

如果惩罚并不能真正地起作用，那么我们要如何解决我们的问题，满足我们的需求呢？一些家长认为，这个问题的答案是让孩子自己来制定规则。这就是"放纵型养育"（permissive parenting）。

"放纵型养育"与冲突解决

如果你相信孩子天性善良，并且深知什么对自己最好，你会怎么做呢？或者，你只是厌倦了冲突，决定让孩子做他自己想做的事？这两种态度都会导致你采用放纵型养育方式。

当放纵型父母与孩子发生冲突时，解决方案通常取决于孩子。最终的结果是，孩子"赢"，父母"输"。放纵型养育方式的结果与专制型养育方式的结果恰恰相反，父母可能会逐渐对孩子的行为产生怨恨情绪。放纵型父母的养育方式往往会使孩子以自我为中心，缺乏自我约束能力。虽然在心理上，放纵型父母的孩子可能比那些专制型父母的孩子更有安全感，但他们的行为往往会更加失控（Lewis，2018）。

事实上，与专制型父母养育的孩子一样，过于放纵孩子的父母养育的孩子也会错过学习两项关键生活技能的机会：共情和自律。当孩子所有需求的满足都以牺牲父母的需求为代价时，他就学会了以自我为中心。因为父母从来不主张自己的需求，所以孩子没有学习如何考虑他人需求的机会。如果没有建立健康的界限，孩子也就学不会自制和自律，而自制和自律正是实现成功目标的关键要素。一个缺乏共情或自律的孩子长大后将面临更多艰难的生活挑战。

平衡需求，解决冲突

专制型养育和放纵型养育都将冲突解决视为"零和博弈"（zero-sum game）：一方"赢"，而另一方"输"。一个人拥有所有的权力，而另一个人的需求却得不到满足。这两类方法最大的问题是，它们停留在冲突解决的表面，没有深入去了解双方的需求。在了解双方的需求后，我们通常都有可能找到解决方法，使每个人都受益。

看看这些极端的情况，我们就会明白，解决家庭矛盾比简单地要求孩子服从，或给孩子他想要的东西复杂得多。事实上，我们如何解决冲突反映了我们对人性更深层次的看法，并且在无意中将这些观点传递给了我们的孩子。人是天生善良的，还是都是罪人？这是一个狗咬狗的世界吗？我们必须为满足自己的需求而战斗吗？我们总是要去服从权力最大的人吗？

让我们来思考这个问题：我们如何走上中庸之道，以使每个人的需求都能得到满足？我们如何证明，只要多一点努力和理解，就有办法让所有人都"赢"？

我相信管教（discipline）是关键，我所说的管教，不是指通过惩罚来使孩子服从我们，而是指教育、指导和为孩子做榜样。"discipline"这个词的拉丁语词根是"disciplina"和"discipulus"。"disciplina"的意思是"教导、学习、知识"，而"discipulus"的意思是"学徒、学生、追随者"。在解决问题的时候，我们怎么做，才能最终把孩子培养成情绪健康、适应良好的成年人呢？

从需求的角度理解亲子冲突

当我们的孩子做出某些令我们沮丧、不耐烦和恼火的行为时，他实际上是在试图满足自己的一些需求。如果我最小的孩子不停地打断我和丈夫的谈话，那么她对关注的需求就干扰了我与伴侣交谈的需求。这时我该怎么处理呢？冥想练习让我保持理智，减少反应。使用"我"信息也很有帮助："当你不停地打断我说话时，我感到很恼火，因为我听不到爸爸在说什么了。"但如果她继续这样做，我该怎么办呢？我们如何解决这种需求冲突呢？

在如何解决双方共同的问题和满足需求方面，双方往往有相互矛盾的解决方案。我女儿的解决方案就是让我结束我和丈夫的谈话。我的解决方案是让她安静下来，以便我能够和丈夫说话。我们很容易被困在解决方案的层面上。然而，如果我们能以满足每个人的基本需求为共同目标，那么冲突通常可以和平解决。

很多时候，一旦我们深入到需求层面，一个显而易见的解决方案就会出现。要做到这一点，我们可以选择在冲突发生时进行一次简单的对话（如果我们的情绪足够稳定），也可以在双方都冷静下来时进行更有条理的对话。对于小冲突，比如我女儿打断我的谈话，我们可以和孩子交谈，弄清楚孩子目前的需求是什么。

在小冲突中保持联结

冲突的解决从联结开始，所以我把身体转向我女儿，轻轻地抚摸她的胳膊，与她进行眼神交流，并使用"我"信息来表达："当你不停地打断我说话时，我感到很恼火，因为我听不到爸爸说的话了。"如果她继续打断我，那么她的需求显然非常强烈。于是，我使用了印证式倾听，猜测她潜在的需求："你似乎担心我会一直说下去，然后把你忘了，你有非常重要的事情要告诉我。"当她肯定了这一点时，我提出了一个满足我们双方需求的解决方案："好的，这不会花太长时间，只要我和你爸爸一谈完，我就会去找你的。你甚至可以把手轻轻地放在我的肩膀上，这样我就不会忘记。"我这样说了之后，她就满意了，我们两个人的需求都得到了满足。

问题解决的双赢策略

有时候，我们会遇到更具挑战性的冲突。在这些时刻，用一种可靠的策略来解决问题，是非常有帮助的。一种非常有效的策略被称为问题解决的双赢策略。以下是步骤：

> **双赢策略解决问题的步骤**
>
> （1）**确定**需求，而不是解决方案。
> （2）**头脑风暴**，想出尽可能多的解决方案。
> （3）**评估**如何同时满足各方的需求。
> （4）**决定**由谁来做什么，什么时候做。
> （5）**检查**每个人的需求是否都得到了满足。

当我们使用这种方式来解决冲突时，其内在的优势是"公平性"。因为在解决问题的过程中,每个人的需求都是同等重要的,都应该得到满足。如果一方不把解决方案强加给另一方,家庭中的爱和尊重就会得到提升,从而避免产生怨恨情绪。以下是如何让这一策略奏效的方法。

(1)确定需求。从写下每一方的需求开始。把它们写在纸上,这样孩子就能够清楚地看到他的需求和解决方案得到了承认。即使孩子还不识字,他也希望看到自己的需求被写出来,如果写在一张大纸上就更好了!

在这一步里,最关键和最具挑战性的部分是将你的需求与解决方案分开。通常情况下,当人们使用"需求"这个词时,他们实际上是在谈论针对一些未明确表达的需求的解决方案。例如,你的孩子可能会说,"我需要一部手机",这是一种解决方案。要弄清孩子所说的解决方案背后的需求,你可以用这个问题来澄清:"这对你有什么好处呢?"这是一种温和且循序渐进的方式,可以帮助孩子澄清他的需求。在这个例子中,你的孩子可能需要独立,需要与朋友建立更紧密的联结。一旦你弄清楚了孩子的潜在需求,就把它写下来,并且承认它的存在。

(2)头脑风暴。重要的是,你要鼓励孩子积极表达自己的想法,并在初期阶段尽可能多地提出各种想法,而不要急于对他的想法进行评判。把每一个想法都写下来,即使有些想法听起来很奇怪(比如,"创造一个打扫房间的机器人")。孩子会喜欢看到你认真对待他的想法，这是为双赢策略增添活力的好方法！进行头脑风暴时，不要对想法进行评估，把所有的想法都写下来。

（3）评估。你可以使用这种简单的标记方式来快速浏览你们写出的想法列表：

√ 表示每个人都同意的解决方案

× 表示所有人都不想要的解决方案或不现实的解决方案

? 表示不能达成一致的解决方案

使用这种标记方式快速浏览列表。在这个过程中，你通常会对解决方案有一个较为清晰的认知，但即便如此，也不要急于进入下一步，继续进行下去。然后返回到用问号标记的那些想法上面，检查一下它们是否真的满足了每个人的需求。

（4）做决定。使用"我"信息和印证式倾听来讨论解决方案。根据需要，提出新的解决方案。一旦你选择了一个或多个解决方案，写下你的计划：确定谁在什么时间做什么事情。

（5）检查。在你与孩子达成共识之后，再来检查你们之前一起确定的解决方案，看看它是否真的满足了每个人的需求。如果一切进展顺利，这会是一个很好的机会，让你记住你和孩子是如何通过合作来解决问题的。如果你们确定的解决方案没有满足每个人的需求，那么新一轮双赢策略可能是必要的。

如果这种解决问题的方式不是你之前熟练使用的，那么一开始用到它的时候，你可能会觉得有些困难。我建议你在第一次尝试双赢策略时，去解决一个轻松的问题。

◉ 练习1：用双赢策略来解决一个轻松的问题

为了把双赢策略带入你的生活中，一个好的起点是解决一个轻松的问题，比如你们下一个假期去哪里度过或者周末做些什么。

你要怎么做呢？首先，找到一个你需要做出的决定，表示你希望征询每个人的意见，邀请孩子来和你进行讨论。准备一张大纸，简单地向孩子说明问题（例如，"我们下周末有两天的休息时间，让我们一起来决定做些什么"）。

（1）确定你的需求（例如，"我需要通过运动来保持身体健康"）。询问每个人的需求是什么（"你觉得你下周末需要些什么呢？"）。把所有想到的都记录下来，确保将解决方案转化为潜在的需求，你可以问这个问题："这对每个人有什么好处呢？"从而找出潜在的需求。

（2）头脑风暴，把每一个想法都写下来，不要评估！

（3）在所有的想法都被写下来之后，使用"√、

×、?"这种标记方式在想法列表中快速检视。练习保持理智和印证式倾听,并根据需要使用"我"信息。

(4)确定能够满足每个人需求的计划。把计划写下来,这样孩子就能在纸上看到他的想法。

(5)最后,别忘了回顾和反思!周末结束后,回到最初的计划上,与孩子交流你们的计划执行得怎么样,每个人的需求都得到满足了吗?这一步表明你的确认真对待孩子的意见,从而让孩子看到他的需求对你来说很重要——使他在未来更有可能愿意主动配合你,即使在更情绪化的情况下。

使用双赢策略时可能遇到的问题

如果孩子习惯于反抗你的要求,并对你强加给他的解决方案感到不满,那么他可能不相信你真的会把他的需求放在心上。你甚至可能很难进行这个方法的第一步——只是简单地开始并让孩子坐下来和你交谈。为什么呢?还记得前面提到的向相反方向开足马力的火车(抵抗)吗?现在也是同样的情况。你可能需要和孩子进行一些讨论,才能说服他参与到双赢策略的问题解决中来。

在你尝试解决冲突之前,先用轻松的问题来练习双赢策略,这可以帮助孩子了解使用双赢策略的好处。当发生冲突时,告诉孩子,你想要在晚些时候再来和他仔细讨论这个问题。如果你以前没有使用过双赢策略，简单地解释一下方法，并向孩子保证，你们两个都需要对最后的结果感到满意。为此，请选择一个没有人感到饥饿、暴躁或疲倦的时间来和孩子展开讨论，并准备好运用印证式倾听进行沟通。

在头脑风暴时，一个常见的问题是，我们一不小心就会开始评估想法。当想法出现时，我们就会对它们进行评估，这是一种自然的习惯，但这里要保持克制！将评估与头脑风暴分开是很重要的。评判会阻止思维的流动。向孩子解释这一点，并帮助他克制对想法的评估。

你和家人实践双赢策略一段时间后，这种思维方式就会成为你表达的捷径。你的问题解决过程可能会变得更短，并且更容易。然而，在开始的时候，你要预料到，要想熟练地使用双赢策略，就需要一些时间和重复的练习，就像学习任何新技能一样，掌握双赢策略的过程不会一帆风顺，你会遇到一些挑战。在这个过程中，使用你巧妙的沟通技巧来为家人充当导师和向导。做个慈悲地倾听和表达的榜样。冥想练习将帮助你在这个过程中保持专注和理智。

双赢策略的好处

使用双赢策略解决问题，并不意味着我们总能得到我们想要的解决方案，但它确实确保每个人的需求都得到了满足。孩子更有可能配合我们，因为他的需求得到了满足。此外，孩子喜欢在决策桌上占有一席之地。这种方法不会使孩子在不断的命令和要求中感到无能为力，而是让他在表达自己需求的同时考虑其他人——这是生活中一项宝贵的技能！

当我们思考这种冲突解决方法背后更深层次的信息时，我们会发现，双赢策略有助于我们指导孩子在未来如何与他人进行合作。它教会孩子考虑他人的需求，指导孩子共情和换位思考。因为双赢策略是一种讨论，它教会孩子说出分歧，而不是使用权力。想象一下，如果每个孩子都在这样的价值观下成长，世界将会呈现出怎样一番景象啊！

处理兄弟姐妹之间的冲突

正如你可能从自己的经历中看到的那样（如果你有兄弟姐妹），兄弟姐妹之间的冲突是生活中非常正常的一部分，会经常发生，我们应该接纳这一现实。我们也不应该把兄弟姐妹的问题当成我们自己的问题，这样才能更好地经受住风暴，帮助他们渡过难关。与兄弟姐妹的关系会对我们的生活产生深远的影响，然而，要建立起和谐的兄弟姐妹关系，在开始的时候并不容易。

我们如何引导年幼的孩子学会表达自身需求，为自己的权益发声，并能够听取他兄弟姐妹的意见呢？我们如何帮助两个甚至三个小孩同时应对强烈的情绪呢？我们如何创造一种相互协作、彼此支持的家庭文化，从而让兄弟姐妹之间的爱能够蓬勃发展呢？

令人开心的是，有一些行之有效的方法可以让孩子们彼此之间的关系有一个积极的开端，并让他们良好的关系持续下去。我们可以教给孩子一些方法，帮助他理解和表达自己的感受，同时处理好他与其他人的关系。在《平和式教养法（多子女篇）》（*Peaceful Parent, Happy Siblings*，2015）一书中，劳拉·马卡姆（Laura Markham）博士分享了养育关系和睦的兄弟姐妹要遵循的三个原则：自我调节；优先考虑联结；目标是"当教练，而不是控制"。

冥想练习为自我调节奠定基础。我们不能完全控制孩子，但我们可以通过改变自己的想法、言语和行为来改变我们的家庭模式。做榜样是最有力的教学形式。自律是我们所做的最困难的工作，也是养育出关系和睦的兄弟姐妹的最重要的因素。这就是正念练习的用武之地：RAIN冥想加上缓慢的深呼吸，可以帮助我们处理自己不舒服的感受。记住，调节情绪的最好方法是每天规律的冥想练习，这会给我们的生活带来更多的平静与安宁。

能够管理好自己情绪的父母可以让孩子学会管理情绪，从而学会管理行为，包括对兄弟姐妹的行为。孩子更容易让自己平静下来，因此他们之间的争执也会减少。

优先考虑你与每个孩子的联结。与其试图找出谁对谁错,并成为解决孩子们冲突的法官和陪审团,不如把你的首要目标定为与每个孩子保持紧密、温暖的联结。联结是激发孩子遵循我们指导的动力。我们真的不能用武力强迫任何人做任何事,所以要让孩子主动按我们说的去做。能够感受到与父母有紧密联结的孩子更有可能积极配合父母,并且对兄弟姐妹更加宽厚。

当教练,而不是控制。教练使用的是影响力,而不是武力,他教孩子在做每件事的时候尽自己最大的努力,而控制则是通过威胁和惩罚来强迫孩子按照你的意愿行事。在惩罚中长大的孩子学会了用惩罚来对付他的兄弟姐妹,以提高自己的地位和权力。这给了他们互相告发的动力。当兄弟姐妹因打架而受到惩罚时,他们会更加怨恨对方,并把注意力放在如何报复对方身上。

把自己想象成孩子的教练。在决定谁上场以及何时上场时,教练会评估球员的技术和能力。在孩子们学习的过程中,教练可能会更多地介入指导,而随着时间推移,教练会逐渐干涉得越来越少。随着孩子的成长,孩子在处理他自己问题的方面获得了更多的实践经验,你可以更多地退居二线,让孩子获得独立解决问题的宝贵经历。孩子需要犯一些错误,并从中吸取教训。(不过,如果涉及安全等令你担忧的问题,适时的介入还是很有必要的。)

我们该怎样当教练呢？关键的第一步是暂停。花一点时间深呼吸，集中注意力，这样你就可以深思熟虑地做出回应，而不是情绪化地做出反应。如果你能完成这一部分，剩下的就更加容易了！

当孩子们打架时，我们该说些什么呢？记住你在前几章中学到的沟通技巧。与其抛出命令、威胁、评判或其他沟通的绊脚石，不如承认正在发生的事情。使用"我"信息和印证式倾听，承认并描述你所看到的，这样做可以使危机降级。

处理兄弟姐妹之间的冲突：一张便笺

（1）停顿，呼吸，集中注意力。对自己说，"我是在帮助我的孩子们"。

（2）说出你所看到的。承认正在发生的事情，不加评判地描述。

（3）指导孩子们表达他们的感受，清楚地说出他们的需求。

（4）记住，你不必解决他们所有的问题。

你可以把这些步骤写在便笺上，然后有策略地把它们放在家里的各个地方，以便需要的时候可以用到它们。

当你帮助孩子们解决冲突时，邀请他们深入到解决需求的层面上来。这在生活实践中是什么样子的呢？这里举一些例子：

不要说："别打了！如果不停止打架，你们两个就都回到自己的房间里去！"

试着说："我听到了你们发出的叫喊声。你看起来真的很生气，但我不会允许你打弟弟的。你能告诉弟弟你的感受吗？你想要从他那里得到什么呢？"

不要说："别玩棍子了！那太危险了，把它给我！"

试着说："嘿！我很担心那根棍子，看起来泰勒也很担心。她不希望棍子离她这么近。你可以把棍子扔到离你妹妹远点的地方吗？或者把它放下。"

不要说："我已经警告过你三次了，不要再戳你弟弟了！好了，现在回到你自己的房间里去。"

试着说："艾娃，看看你弟弟的表情……他不喜欢被你那样戳。我也不喜欢家里充斥着你们吵闹的声音，这会让我感到紧张不安。我不能允许你伤害弟弟。你现在的需求是什么呢？"

当不止一个孩子难过时

当每个孩子都需要你的时候，简单的解决办法并不存在。

事实上，你不可能解决每一个问题或平复所有人的伤痛。然而，仅仅是简单的努力，就能在很大程度上为孩子们树立起共情和关心他人的榜样。

你可以呼吸，保持冷静和理智，以度过这一刻。如果需要，你可以先花点时间让自己冷静下来。以下是处理复杂情况的一些策略。

当两个孩子都需要你的时候，试着同时照顾他们。这并不总是那么容易，但它通常是有可能的。描述正在发生的事情："我面前有两个伤心的孩子，他们都受伤了！来吧，妈妈的怀抱足够宽广，你们可以尽情地哭泣，然后我们再来一起解决这个问题，让事情变得好起来。"

如果你需要立即去帮助一个孩子而不是另一个，就与另一个孩子用语言交流。这种情况可能是一个孩子的身体受伤了，需要立即被照顾，而另一个孩子在情感上也受到了伤害："卢卡斯，我知道你很受伤，你需要我，我会在这里的。我先帮助你弟弟包扎一下膝盖，一会儿就来帮你处理你的感受。"

先照顾好感受。当情绪强烈时，大脑中的学习中枢会暂时关闭，所以这个时候不是解决问题的好时机——不宜立即着手解决问题。待这些强烈的感受得到充分表达和承认后，每个孩子就都会平静下来，这时再指导他们谈论各自在那个时刻的需求是什么。

重新开始:在冲突中拉近亲密关系的方法

无论我们多么理智、技巧多么熟练,家庭生活中还是会存在冲突和问题。正念冥想、慈爱练习、印证式倾听、"我"信息等方法将极大地减少冲突的次数和严重性,但我们仍然会遇到冲突。如果我们能在这些冲突时刻展现出我们真实和脆弱的一面,并携手去修复由冲突造成的裂痕,那么冲突就可以使我们更加紧密地联结在一起。

在与一行禅师的一次静修中,我学到了修复一段关系的新框架,包括与孩子的关系。他让我学会诚实而深刻地审视自己与过去的行为举止、言语表达和思维模式。我把这一刻视为一个新的开始——我自己的新开始,我与他人的关系的新开始。

"重新开始"包括三个部分:表示赞赏,分享遗憾,表达伤害和不舒服的感受。你可以与孩子面对面地做这件事,或者写一封"重新开始"的信,如果你的孩子愿意读的话。

第一部分:表示赞赏。这是一个展现对方长处和贡献的机会,也是激励他的积极品质持续发展的良机。当对方说了或做了令你欣赏的事情时,你可以通过举出具体的例子来表达你的认可。这一步表明你看到了这个人的优点。

第二部分:分享遗憾。这是一次很好的机会,你可以提任何你自觉不妥,但还没有机会道歉的不恰当的行为、言语或想法。例如，你可能会说，"对不起，我说你很自私。我那样做是不对的。我意识到我的话伤害了你，我不应该那样说"。

第三部分：表达伤害和不舒服的感受。现在，你可以分享你因为他人的所作所为或所说的话而体验到的伤害。在这里使用"我"信息，不要攻击或责备他人。冷静地与对方谈论或写下你所受到的伤害，避免夸张、指责、抨击或过度情绪化。发自内心地去说或写，要记得避免使用我们在第6章中讨论过的沟通的绊脚石。

⦿ 练习2："写一封"重新开始"的信

给你爱的人写一封重新开始的信或电子邮件。然后在你的阅读日志中写下这段经历。对方的反应是什么？这让你们更加亲近了吗？

特别提示：当你没有具体的伤害或不舒服的感受要与人谈论时，你也可以只使用"重新开始"的前两个步骤（表示赞赏和分享遗憾）。

"重新开始"给我们提供了一个巧妙沟通的框架，避免我们在遇到冲突时退回到以往缺乏技巧的表达方式中去。我们的目标是修复关系。随着我们与孩子之间的关系更加紧密，我们对孩子产生的积极影响力也会成比例地增长。

在你生活中的许多关系里，都可以使用"重新开始"的方法。我已经给我的父母写了封"重新开始"的信，这帮助我们以更真实的方式走到了一起。我有一位学员在工作中与她的上司一起使用了这个方法，这对她的日常工作有很大的帮助！把"重新开始"看作你处理所有人际关系的一种强有力的工具吧。

扩大对孩子的影响力

随着我们逐渐放弃对孩子使用粗暴的管教方式，我们对孩子的影响力将得到提升——随着孩子年龄的增长，这一改变会逐渐显现出长远的益处。在我看来，青少年的叛逆行为不是孩子针对家长本身的反应，而是对家长使用的不当的、严厉的管教方式的反应。孩子经历了多年的内心反抗和怨恨，随着他在青少年时期获得更多的独立性，他自然而然地会反抗家长的专制方式。然而，如果我们限制自己对权力的使用，扩大对孩子的影响力，那么孩子将更有可能信任我们，并对我们的参与持开放的态度。我们与孩子的关系将变得更加牢固、紧密。所有的这一切都取决于孩子童年时期我们如何处理与孩子之间发生的不可避免的冲突。

当我们和孩子共同努力解决问题，并且理解彼此的需求时，冲突就会让我们更紧密地联结在一起。未妥善解决的冲突会随着时间的推移而加剧，这可能会对亲子关系造成极大的伤害。如果不去处理冲突，孩子内心可能会留下难以愈合的情感创伤，并导致他误解父母的初衷。当我们能够以充满关爱且不评判的方式讨论所发生的事情时，孩子就会感觉被看到和被听到，相信我们会认真地对待他的需求。随着时间的推移，孩子对我们的信任会不断地增加和发展，也会学会倾听和理解我们的需求。

这并不总是奏效的。有些时候，你可能会发现自己不自觉地沿袭了父母的做法，使用权力来解决冲突。甚至在某些时候，使用权力可能是更明智的选择。然而，你越少使用权力，即你越是从满足需求的角度处理问题，你与孩子的关系就会越牢固，你对孩子的影响力也就会越大。

在动荡的青少年时期，孩子需要我们的影响。当他走向独立时，当他对生活感到不确定时，他需要我们作为向导和导师，站在他这边。本章中的方法将帮助你和孩子，在不破坏你们之间关系的前提下，更巧妙地解决问题。这将有助于孩子在未来最需要你的时候，与你保持顺畅的沟通。

这种方法的基础是你的临在与好奇的意图——你想要帮助你的孩子。在那些有挑战性的育儿时刻，不要马上采取行动。停下来，保持临在，为自己创造一个能够巧妙地、共情地回应孩子的机会。孩子想要满足的需求是什么？你的需求又是什么？

转换到这种思维方式上对你来说可能是一种解脱。使用双赢策略解决问题时，你不需要做孩子的法官和陪审团，也不需要总是知道所有问题的答案。相反，你可以与孩子建立一种基于平等和尊重的关系。在这样的关系中，你可以满足自己的需求，也可以帮助孩子满足他的需求。在下一章中，我将分享更多的方法来帮助你促进家庭和谐。

本周练习

- 每天 5～10 分钟，每周 4～6 天的静坐冥想练习或身体扫描冥想练习
- 每周 4～6 天的慈爱练习
- 问题解决的双赢策略
- 写一封"重新开始"的信

第 8 章

有助于建立稳固亲子关系的习惯

"你能给孩子最好的礼物,就是培养他们的责任感,并给予他们独立的翅膀。"

——丹尼斯·韦特利(Denis Waitley)

每天我的女儿们放学从校车下来后,我都试着和她们在一起。我所说的"和她们在一起"是指全然地临在,放下白天的所有烦恼,集中全部精力,在身体里扎根,保持平静和稳定。我会给她们每个人一个大大的拥抱,对她们说:"见到你们我太高兴了!"我确实很高兴。我想让我的每个女儿都知道,她们真的点亮了我的世界,我会一直在她们身边支持她们。等她们和邻居的孩子在车站附近玩了一会儿之后,我会陪着她们走回家。我知道,我们的关系就是在这些看似微不足道的时刻以及每一天塑造的节奏和仪式中建立的。

正如我们所看到的，正念养育不是关于创造特定结果的技巧，而是关于建立一种充满爱的生活关系。我们与孩子建立相互联结的关系是培养孩子主动配合我们的唯一途径。当孩子感受到被爱、被理解、被尊重地对待时，并且压力水平在可承受范围内时，他们会自然而然地愿意顺从我们。

在孩子的生活里，如何培养并保持联结的稳固平衡呢？到目前为止，你所学到的技能——正念冥想、解除你的情绪触发器、慈爱练习、共情式倾听、"我"信息和使用双赢策略解决问题，已经绘制出了一张培养牢固联结的路线图。在这一章中，我将与你分享一些其他习惯，这些习惯将加强你与孩子的联结，并促进你的家庭和谐。

有意识地培养与孩子的联结

我们与孩子的关系是将我们紧密联结在一起的黏合剂。这是培养优秀孩子的基础。这就是为什么我们在正念和自我关怀方面所做的所有工作都是极其重要的，因为它们为我们奠定了基础——使我们能与孩子保持紧密的联结，并向他们表达我们的爱。孩子体验到我们无条件的爱越多，他就越感到安全和放松。当他看到我们眼中的爱时，他会感到被重视，也同样会重视我们。他感受到了信任，反过来也会信任我们。

所有的这些爱创造了一个积极的反馈循环，随着时间的推移,养育会变得更加容易。我们不仅可以使用前面章节中介绍的方法,还可以通过有意识地花些时间和精力来培养一种爱的联结,从而建立稳固的关系。

通过身体接触建立联结

我8岁的女儿生我的气了,没有其他人安慰她,她抽泣着。当我走到她面前时,她说:"走开!"我绕到她的身后坐下,轻轻地抚摸她的背部。尽管她生气是因为我,但我充满爱的抚摸抚慰了她,最终,她爬到了我的腿上,依偎在我身上。这使她逐渐平静了下来,并调整好了自己的状态。

被他人触摸和主动触摸他人是人类互动的基本形式。积极的身体接触是一种强有力的方式,它能真切地传达我们对孩子的爱、担忧和关心。依偎、亲吻和拥抱可以让孩子相信我们的临在,这有助于减少他的应激反应,并帮助他调节自己的情绪。

我们应该提供多少爱的身体接触呢?"家庭治疗之母"维吉尼亚·萨提亚曾说过一句名言:"为了生存,我们一天需要4个拥抱。为了维系关系,我们一天需要8个拥抱。为了成长,我们一天需要12个拥抱。"所以,尽可能多地这样做吧。当孩子还小的时候,让拥抱和依偎成为一种习惯,随着年龄的增长,孩子可能仍然想要保持亲密。虽然我现在很少有机会和11

岁的女儿牵手了,但她经常会靠在我的身上,我会给她那种亲密的身体上的爱。

孩子的茁壮成长需要身体接触,其中,拥抱和依偎是基本且重要的形式。但你知道吗,打闹和摔跤游戏对孩子也有好处。心理学家和游戏专家劳伦斯·科恩告诉我们,具有攻击性的身体游戏可以帮助孩子表达他的感受,学习控制冲动,并建立自信。

如何与孩子进行适宜的打闹呢?在科恩的书《游戏力》中,他为父母提供了一个简洁明了的示范:你可以这样提议,"我们来玩摔跤吧",孩子会说,"怎么摔呢",你可以接着说,"试着用你最大的力气把我按住,压在地上,使我的两个肩膀接触到地板(或者,试着从我的身边爬过去,到旁边的沙发上去,但你不能悄悄溜过去,你必须全力以赴地试图穿越我设下的防线"。

打闹可以帮助孩子以一种积极的方式与父母建立身体上的联结,并消耗他的一些能量。打闹可以增强孩子的体力和创造力,并在身体和情感上将我们与孩子联结在一起。记住这些关于打闹的规则:集中注意力;让你的孩子赢(大多数时候);如果有人受伤,就立即停下来。当孩子说停止时,就要立即停止,比如在挠痒痒的时候。这让我们的孩子明白,他的身体需要得到尊重,并且要对自己的身体负责。

无论是摔跤、拥抱还是依偎，都要有意识地与孩子建立身体上的联结。触摸能抚慰孩子，帮助孩子调节情绪。这是一个非常好的方法，可以让你与孩子的关系保持牢固。

通过游戏建立联结

我们中的许多人经常会感到忙碌不堪（包括我）。我们对趴在地板上和孩子玩耍很抗拒。孩子就不能自己打球玩吗？"糖果王国"的想法⊖让我想要逃跑和躲藏。是的，孩子可以，也应该有自己独立的游戏时间，但我们也应该花些时间走进孩子的世界。玩耍是每个人童年必不可少的一部分。孩子们需要游戏，就像他们需要空气和水一样。游戏帮助孩子认识世界、疗愈伤痛，并培养他对自己能力的信心。当我们与孩子玩耍时，我们会用爱、鼓励和热情给孩子的内在注入力量。此外，游戏还能帮助我们全身心地放松下来，这可能也是我们需要的！

答应和孩子一起玩耍并不一定会很麻烦，也不会占用你太多时间。事实上，孩子往往在很短的一段时间后就准备离开去做其他事了。设定一个10分钟的计时器，然后全心全意地投入到这段时间里。把它想象成一种"玩耍冥想"，练习全然地临在，当你意识到自己的思绪在游走或在评判时，练

⊖ 指孩子想把家里布置成糖果王国，在家里的各个角落都摆满各种各样的糖果。——译者注

习用友善和好奇的态度去关注你的孩子。玩耍给了你一个绝佳的机会来看到孩子今天是怎样的一个人——重新认识你的孩子。

不记得怎么玩了吗？只需要跟随你的孩子，在一个他大多数时候都无法掌控的世界里，暂时给予孩子他所向往的力量。通常情况下，你扮演的角色会很小。你可能只是一场小品或舞蹈的观众。你可能只是挥手告别，假装哭出戏剧性的泪水，因为孩子要去月球了。你也可以通过装作笨手笨脚来和孩子玩，让孩子咯咯地笑起来。对一个孩子来说，假装笨拙或摔倒是很滑稽的。你可以给孩子设定"特殊时间"，接下来会介绍。

无论你们的游戏采取什么样的形式，你都要练习全然地临在，练习享受这段时间。要知道，随着孩子的成长和独立，这样的时间是转瞬即逝的。

◉ 练习1："特殊时间"

对我们来说，"特殊时间"是一种形式，在"特殊时间"里，我们可以给予孩子他内心渴望的东西：100%的注意力和不受任何干扰的关注。在这个过程中，你应当让孩子主导（同时保证他的安全），并且愿意参与任何孩子提议的游戏或活动。尝试这项练习的家长通常会看到孩子的行为发生了显著的积极变化。为什么呢？因为它促进了父母和孩子之间的基本联结。

如何做到这一点：

（1）宣布"特殊时间"。对孩子说："在接下来的10分钟里，你想玩什么我都可以陪你玩。我们唯一不能做的事情是看电视或者使用电子产品。你想玩什么呢？"

（2）设置一个计时器。10分钟很好，但5分钟也可以。一段时间后，尝试20分钟，看看感觉如何。"特殊时间"需要明确的界限，从而表明在"特殊时间"里的规则与日常生活的不同。

（3）让孩子主导。在这段时间里，把你的神经质、偏好、担忧和评判放到一边，允许孩子尝试一些平时你绝不可能主动去做的事情。如果他想让你用一块旧滑板把他拉来拉去，直到他一次又一次地摔倒，反复体验摔倒的乐趣，那么就按照他说的去做吧，不要试图去"教"他如何滑滑板，而是把这当作你的一次趣味锻炼，让整个过程充满欢乐。

（4）克制评判或评估孩子的冲动。除非孩子自己主动寻求帮助或建议，否则不要试图干预孩子的行为或提出你自己的想法。

（5）不要看手机。当你陪伴孩子时，你的专注给了孩子一份被看到和被认可的礼物。尽你最大的可能，全然地临在。

（6）**在计时器响起时，结束"特殊时间"**。如果孩子因为"特殊时间"的结束而发脾气或感到心烦意乱，你应该像应对孩子任何其他心烦意乱的情绪一样，给予他共情地倾听。

"特殊时间"是一种将一些必要的"情感积蓄"存入你和孩子关系银行账户中的方法。父母可以每天或者一周几次为孩子提供"特殊时间"。你可以尝试一下，看看你的孩子会有什么样的反应。

通过共同工作建立联结

孩子内心渴望能够做成年人做的所有事情。鼓励这一点！孩子完全可以，并且应该在日常生活中与我们一起工作。在厨房里摆一张结实的凳子，这样孩子就可以帮助我们洗土豆和削胡萝卜了。即使非常小的孩子也可以擦拭溅出来的水渍、摆放餐巾纸、帮助喂猫，等等。随着孩子的成长，他的责任也应该相应地增加。当孩子为家庭的和谐运作做出贡献时，他的胜任感⊖就会得到培养，这是一种赋权的过程。视孩子为你家庭团队中不可或缺的一员。

⊖ 指个体在生活实践中，通过表现出能力和成功的行为所获得的一种积极的自我价值感体验。——译者注

事实上，研究表明，参与家务的孩子在以后的生活中更有可能取得成功！对于"成功"，拥有高质量的关系、完成教育目标以及开始职业生涯，明尼苏达大学家庭教育学教授玛丽莲·罗斯曼（Marilynn Rossman）博士进行了一项纵向研究，经过数据分析，她得到的结论是，最"成功"的孩子从3～4岁开始做家务，而那些等到十几岁才开始做家务的孩子就不那么"成功"了。精神病学家爱德华·哈洛韦尔（Edward Hallowell）认为，做家务会使人产生一种"我能做、我想做"的感觉，这会培养孩子的胜任感（Lythcott-Haims，2015）。

孩子毕生的能力和责任感始于你花时间与孩子一起工作建立的联结。期望并要求孩子贡献自己的一份力量。你应该意识到，当你教他如何洗衣服和铺床时，你实际上是在教他生活技能。

与口头鼓励相结合

积极的口头鼓励让孩子知道我们信任他，我们是他坚实的后盾。这样，孩子以后也可以用支持和自信的话来激励自己，并不断强化积极的行为，而不是当长大成人后，在脑海中不断重复着父母批评的声音。

与其空泛地说"做得好"，不如用"我"信息来真诚地、描述性地表扬你的孩子。不要含糊其辞、笼统地说，而是要在鼓励中具体地表达："尽管骑车看起来很可怕，但你勇敢地尝试了骑那辆自行车，我真的很欣赏你的勇气。"以下是通过鼓励建立联结的其他表达：

> 感谢你的好意！
> 你为此付出了很大的努力，我真的很感激！
> 你的所作所为非常慷慨！
> 你在应对这一挑战时展现出了巨大的力量！
> 我欣赏你的质疑精神！
> 你的想象力太棒了！
> 谢谢你提醒我，原来玩耍可以这么有趣！

温暖、积极的关系是父母与孩子建立合作关系的燃料。当你主动地、有意识地与孩子建立联结时，就如同在你们的关系银行账户中存入了宝贵的资金，为日后不可避免的提款做好储备。积极的身体接触、玩耍、与孩子一起工作和对孩子进行口头鼓励，这些只是你与孩子建立联结的许多方式中的一小部分。一定要确保你的孩子知道，你经常看到他、听到他，并且爱他。这将加强你们之间的关系，帮助你们度过生活中不可避免的困难时期。

有帮助的养育习惯

孩子需要无条件的爱、导师般的指引和健康的界限。当我们习惯于使用正念、巧妙的沟通方式和建立积极的联结时，设定界限就会变得容易很多，但也并不总是那么容易。培养孩子负责任的习惯、始终如一的品质和独立性将有助于让养育变得更加容易。

玩耍前的责任

设置健康的界限意味着磨炼孩子狂野的天性（但不是消灭它），并指导孩子如何最终成为优秀的成年人。在我们努力摒弃传统威胁和惩罚手段的过程中有时候会矫枉过正，未能设定严格的界限。当孩子挑战我们的界限时，我们要做的是以温和而坚定的方式坚持原则，这样我们才能避免培养出过度以自我为中心、不顾他人需求的孩子。

让孩子将有趣的事情留到完成自己该做的事情后再做。在我家，这意味着只有在我的女儿们收拾好书包、喂完猫、清空洗碗机、摆好桌子之后，才能开始她们的"屏幕时间"。同样地，可以规定孩子在清理和擦拭桌子之后，才可以吃到甜点。无论对你来说是什么，如果建立一种责任先于特权的家庭文化，你的养育生活将会变得更加容易。

请不要使用那种"先责任，后特权"的方法来威胁孩子，比如："如果你不做……你就得不到……"相反，你可以把它表述为，"首先我们做……（责任）然后我们做……（有趣的事)"。

当你在家里建立起一种"责任文化"时，失去特权便不是一种威胁，而是一种自然的后果。当孩子因为没有做家务而不可避免地错过了一件有趣的事情时，练习保持冷静和不反应，因为这不是你的问题。取而代之的是，对他的感受做出友善的回应，但要充满爱意地守住你的界限。

规律性与节奏感

当我们每一天和每一周都有一个比较规律的模式时，养育孩子就会变得容易很多。因为孩子的生活中有太多事情是他无法控制的，规律的模式对他在稳定的节奏中适应生活有很大的帮助。如果他知道生活中的哪些事情是可预期的，他就不太可能时刻都处于抗拒状态。

每日节奏

确保孩子拥有规律的一天，从前一天晚上开始，让孩子有个规律的早睡时间。孩子需要大量的睡眠。睡眠不足会使孩子脾气暴躁、容易哭闹、不愿意配合我们，甚至更容易生病。此外，长期睡眠不足也会阻碍孩子的正常身体发育。

怎么判断孩子的睡眠是否充足呢？答案是：孩子能够在早晨自然醒来，无须依赖闹钟，并且在醒来后感觉精神饱满。

如果你的孩子正处于学步期,留给他尽可能长的小睡时间。即使你的孩子已经过了必须要午睡的阶段,给他在白天留一段安静、平和、独处的时间,来恢复精力,并释放一天的压力,这对孩子和你也是有帮助的。即使他没有睡觉,他也可以在自己的房间里安静地待着。

在我全职照顾学龄前孩子们的那段时间里,每天上午10点左右,我会锻炼身体,而孩子们会被我送到托儿所。这个习惯既满足了我锻炼身体和户外活动的需要,也满足了孩子们有规律的生活和社交的需要。在我做全职妈妈的日子里,它成了稳定我们生活的重要力量。

你通常有哪些事情要做呢?你可能需要工作、上学、照看孩子或者做其他事情,这些都会成为你一天中的日常事务。接受这种日常节奏,它会让你和孩子的生活变得更加轻松。如果你没有稳定的日常节奏,下面的练习可以帮助你建立一个每日节奏。

◉ 练习2:创建一个稳定的每日节奏

除了需要有稳定的睡眠时间和清醒时间外,在每日有节奏的生活中,孩子也会更好地发育和成长。以下是一些安排每日节奏的方法。

（1）列出你每天的所有任务

罗列你一天需要完成的所有事情。不用担心这个清单的组织方式，这只是一次头脑风暴，而不是一个正式的待办事项清单。花几分钟在阅读日志中写下你每天需要做的所有事（包括你错过但应该做的每件事）。如果你在智能手机上记下自己一天内需要完成的所有任务，那就更好了！这样你就可以随时随地翻看它们。

如果你已经有了一个每日惯例……

将任务分成以下几类：

- 你已经在做的、对你来说有帮助的任务
- 你需要添加到每日惯例中的任务

如果你是从头开始的……

从回答这些问题开始：

- 你每天走出家门前，需要完成哪些任务？
- 你每天为了照看孩子，需要完成哪些任务？
- 你每天为了准备每顿饭，需要完成哪些任务？
- 你每天需要外出做哪些事情？
- 你想在什么时候进行一次简短的冥想练习？
- 你需要完成哪些任务来得到一些身体上的锻炼？
- 你需要完成哪些任务来维持一个井然有序的家？

列一张清单。一开始，没有一项任务是微不足道的。

如果你想到了"刷牙",那就太好了。把所有事项都放进去,然后再编辑。

(2)制定一个时间表

现在评估你的精力水平,想想你在什么时候能做得最好。大多数人在早上精力更加充沛。把需要你最多精力的事情安排到日程上是很重要的。把日程表看作每日节奏,是安排一天的指南,而不是僵化的例行公事。在你的阅读日志中,写下最适合在以下时间处理的任务:

- 早上
- 中午
- 晚上

(3)创建一个全新的每日节奏,并增加一些灵活性

试着利用你一天中效率最高的时间来完成最具挑战性的任务,而用你效率较低的时间来做更普通的任务。将你一天中的活动与精力分数相匹配,从必须在特定时间内完成的事情开始(比如接孩子放学或吃午餐)。然后根据你认为最合适的时间,来安排你认为最合适的任务。

(4)试试看你的新惯例

按照新惯例尝试做几周,看看你的感觉如何。你有没有在合理的时间里安排你的任务和活动呢?你需要做一些

调整吗？根据需要，调整不合适的任务。评估你的每日节奏，看看你的新惯例对你有什么样的帮助。

每周的规律

你也可以通过创建家庭节奏，为一周的生活注入一种秩序感、规律性和流畅感。在我们家，这周被设定为"无屏幕的星期天"，即在周日，全家都不能使用任何电子产品。每周有一个休息日也是一个很好的主意——在那天可以尽情享受大自然或与家人建立联结。在我们家，我们采纳了金·培恩（Kim Payne）的《简单父母经》（*Simplicity Parenting*）中的一个绝妙办法：一种可预测的晚餐节奏。我们家周日吃素食，周一吃比萨，周二吃意大利面，周三喝汤，周四吃米饭，周五吃鱼，周六去餐厅。保持这种节奏有助于我年幼的孩子们知道现在是一周中的哪一天，这让他们对吃饭不那么抗拒，也让在餐厅度过周六晚上这种打破常规的行为成为一种真正的享受。

每周的节奏可以从学校的时间表、课程或孩子的职责中产生，你可以让孩子参与到洗衣或清洁任务中，也可以把定期的徒步旅行或休息时间纳入进来。你家里每周都会有哪些事情发生呢？怎样才能让一周变得更加有节奏感呢？

帮助孩子发展独立的品质

在研究生院的时候，我了解到了蒙台梭利教育体系。开创性的教育家玛丽亚·蒙台梭利（Maria Montessori）指出，当成年人为孩子提供适宜的环境和条件时，就可以有效地利用孩子内在的学习和独立愿望。走进蒙台梭利教室，我们往往会看到年仅两岁的孩子在认真地"工作"——他全神贯注于他的任务。为什么他可以如此独立和勤奋呢？首先，一切所需要的工具都在他视线平齐的位置。教室里有更矮的椅子、水槽、挂钩，甚至还有扫帚和拖把！教室的环境简单整洁：有孩子活动的空间，有放置所有这些物品的地方。孩子也被赋予了一些权力，他被允许从规定的选项范围内选择自己的工作。

我们可以从这种教育方法中学到什么，以便我们在家庭教育中实践呢？我女儿两岁时开始去蒙台梭利的一间教室学习如何炒鸡蛋，我意识到她比我想象中的要能干很多。甚至在孩子很小的时候，他就有能力并且想要做更多的事情。在家中，我们可以改变生活环境，给孩子更多的掌控感，培养他的独立性。

想象一下，你只有 3 英尺⊖高，正试图在家里走来走去。此时，你能给自己倒杯水吗？你能拿到纸巾来清理桌子吗？你能自己把衣服挂起来吗？很可能你做不到。当你在大人们的世界里作为一个小孩子时，你通常无法一个人做任何事情。你需

⊖ 约 0.91 米。——译者注

要亲自在家里走一圈,对家里的环境做一些简单的改造,以满足孩子"自己动手"的愿望:

- 在适合孩子身高的位置上,安装一个挂钩,让他可以自己挂外套。
- 找一个小的不锈钢水壶和不容易摔碎的杯子,放在孩子能够得着的地方,以便他可以自己倒水。
- 把一块海绵和一块破布放在孩子够得着的地方,以便他可以自己清理污渍。
- 在厨房摆一个稳固的凳子,让孩子可以自己搬来搬去。

尽你所能,让孩子使用那些能够实际应用于生活场景中的工具。当我的女儿们还小的时候,她们有一把可以用两只手拿着的波浪形不锈钢切刀,这样就可以帮我切蔬菜。她们还有一个喷雾瓶(里面装着全天然的白醋和水溶液),来帮助我喷洒和清洁窗户和桌子。

当你改变家里的环境以帮助孩子尽早独立时,你就对孩子未来的能力和贡献建立了健康的期望。你无须扮演服侍者的角色,不必总是起身为孩子忙前忙后。鼓励孩子自己动手去做,这样,你就会培养出一个更加自立、更有能力的孩子。使孩子更便于帮助你做家务的前期工作会花费你一些时间,但磨刀不误砍柴工,从长远来看,这将使事情变得更加轻松。这是一项有回报的投资。

简化生活，促进家庭和谐

正念养育最大的挑战之一是"过载"。我们似乎都在与排得满满当当的日程安排和过多的东西带来的压力做斗争。然而，就像谚语所说的温水煮青蛙一样，我们往往意识不到"过载"带来的问题，直到它变得难以控制。商业文化不断诱惑着要我们把"去，去，去，买，买，买"作为获得幸福的方式，然后，就像吃太多的糖果会让我们生病一样，太多的东西和排得满满当当的日程也会让我们感到有压力、焦虑以及也让我们无法欣赏和享受我们本就拥有的丰富生活。

孩子并不适应我们忙碌的生活方式，他会感受到压力，并以不可预测的方式做出反应。就孩子自己而言，他的生活节奏要慢得多（你可能已经注意到了），他充分地活在当下，深入地探索属于他的世界。太多的活动会剥夺孩子通过感官接触周围世界的时间，也会剥夺他探索和了解自己的空间。

为了孩子（和你自己的心理健康），我邀请你加入我的行列中，反对那种"越多越好"的文化。相反，让我们来简化生活，培养孩子与生俱来的安全感、平和感和好奇心。

简化日程安排

我的一个朋友给我讲了一个家庭的故事，这个家庭的孩子们都患有焦虑症，需要接受治疗。他们会在体操训练和足球训练之间挤出时间来安排治疗，一家人在去治疗室的路上吃快餐，因为他们没有时间吃晚餐。孩子们的每一天都排满了各种活动，单独来看，这些活动都很棒，但当它们叠加在一起时，就成了一个"无缝衔接"时间表。不难看出，孩子们的焦虑即使没有被过度充实的一天所触发，也会因为过度充实的活动而持续下去。

随着孩子们的日程表被排得越来越满，他们的整体心理健康水平呈现下滑趋势。这一问题同样引起了高等教育机构的关注。2013年，美国大学生健康协会对近10万名学生进行了一项调查，研究发现，超过一半的学生表示自己感到不知所措、非常悲伤并难以摆脱焦虑情绪（Lythcott-Haims，2015）。尽管充实孩子的日程安排的用意是好的，但这实际上可能会对孩子的身心健康产生非常不利的影响。

孩子们（其实上包括我们所有人）都需要空闲时间来平衡自己的生活，深入了解自己并恢复内心的平静。想象一下，孩子深深地沉浸在假装游戏⊖中。他全神贯注，周围的世界于他而言消失了。这是孩子能做的最重要的活动之一——处理他自己世界中的问题和情绪，疗愈伤痛，以他自己的速度和节奏发展创造力。没有空闲时间，孩子们往往更加紧张，更难以放松或进入睡眠（Payne，2009）。

⊖ 指带有情节的角色扮演。——译者注

我们无法刻意营造孩子的这种状态，也不能通过上课来"丰富"孩子的这种创造力。相反，我们只能给孩子留出无人监督但安全的自由游戏时间以及空间，并相信闲暇时间对孩子的创造力和不断进化的自我认知是必不可少的。排得满满当当、匆匆忙忙的日程让孩子没有机会这样做，相反，它只会增加孩子的压力。

你可能会担心，如果给孩子自由的、非结构化游戏（unstructured play）⊖的时间，孩子会感到无聊。你是对的。然而，让孩子感到无聊也是有好处的！在《简单父母经》一书中，作家、咨询治疗师金·培恩将无聊描述为一种"礼物"，并视其为创造力的先驱力量。在我自己的经验中，我一次又一次地发现这是正确的。在我的女儿们还小的时候，我们给了她们很多无拘无束的玩耍时间，在玩耍时间里，她们创造了大量的小品、堡垒、素描和木偶，还为毛绒玩具精心制作了游戏世界。

当孩子抱怨无聊时，我们该说什么呢？我推荐培恩简单而朴实的回答："眼前就有事情要做。"不要抱着拯救孩子的心态，也不要试图给孩子找一些娱乐活动，孩子自己会找到事情做的。

当你看到所有的朋友都在给他们的孩子报名参加足球比赛和摔跤比赛时，你可能会担心，如果简化你的日程安排，让

⊖ 指孩子自己发起、自己主导的、开放式的游戏。——译者注

孩子有足够的时间自由玩耍，会不会让你的孩子处于不利的位置上。不必担心，孩子需要没有指导、没有特定目标的玩耍时间，这对孩子的发展至关重要。

精神病学家兼研究员斯图尔特·布朗（Stuart Brown）从6000多名患者的"玩耍历史"中发现，从童年到成年，游戏行为与幸福感之间存在直接关联。被剥夺游戏时间的儿童难以用适当的方式调节情绪，缺乏韧性和好奇心。这些孩子往往更加刻板且具有攻击性（Brown, 2009）。布朗博士研究了得克萨斯州监狱里的杀人犯，发现在这些人当中，没有人经历过正常的打闹游戏（rough-and-tumble play）[①]，一个人都没有。这些实施暴力、反社会行为的人在很大程度上错过了只有从游戏中才能获得的宝贵经验。非结构化游戏能够教会孩子节制行为，并帮助他发展自我控制的能力——这是人格发展的基础。

我们和孩子闲暇时间的日益减少对孩子的发展是非常不利的。我们必须对此采取行为，重新夺回我们和孩子的时间。你的孩子是否参加了多个小组或活动呢？你会匆匆忙忙地从一个日程赶往另一个日程吗？是时候采取措施来简化你的日程安排，保障孩子应有的自由时光。你不必答应你朋友圈里的每一

[①] 指孩子之间彼此追逐、捶打、推搡、突袭等行为，它并不是真正的打架。有研究人员认为，在打闹游戏中孩子与同伴之间进行了社会互动。——译者注

个生日聚会或活动邀请。现如今，我们的生活中每天有太多的事情发生，我们的工作往往是安排一个又一个待办事项，而不是探寻和发现生活本身。理想情况下，你需要每天给孩子留出自由玩耍和想象的时间。当你的一天很忙碌时，你需要安排平静的时间来取得平衡。当你简化孩子的日程安排后，你就是在给孩子一份一生的礼物——一个真正的童年。

简化环境

我们的生活被填满了，不仅充满了事件，也充满了各种事物。一个女人从怀孕的那一刻起，我们的文化就会用一张永无止境的"必需品"清单对她进行轰炸。后来，孩子的房间里堆满了玩具，抽屉里塞满了杂物，墙上贴满了海报，衣橱里塞得严严实实，而地板则被层层叠叠、五彩缤纷的物品所掩盖。在《简单父母经》一书中，金·培恩认为，这种产品和玩具的泛滥不仅是无节制的表现，也是孩子压力、生活碎片化和负担过重的原因。培恩称，我们的消费文化在儿童中创造了一种理所应当的感觉。它还造成了一种错误的依赖——依赖物品，而不是依赖人，来满足和维系我们的情感（Payne，2009）。

想象一下，在你的孩子面前有一大堆玩具，他感到不知所措，因为他有太多的选择。他不知道这一堆东西中有什么，也不太珍惜其中的任何一件。在面对过多的选择时，孩子开始学会低估他的玩具的价值，并选择拥有更多的东西。此外，清理也成为一项巨大的考验。尽管我们都希望慷慨地为孩子提供更多的东西，以激发孩子的想象力，但对孩子来说，他往往会因为有太多的东西而产生超负荷的感觉。

在我女儿两岁的时候，我意识到越来越多的东西开始淹没我们的家。虽然有点不舍得扔掉东西，但我还是采取了行动来整理和简化女儿的房间。在她上幼儿园的时候，我彻底地清理了她的房间，拿走了大部分玩具，只留下了一个宽敞且富有吸引力的空间。当她回到家时，我对她可能的反应感到紧张。她会不会抓狂、发脾气，要求我拿回她的东西？令我感到惊讶的是，她对自己的房间很满意。她感谢我把她的房间收拾得如此美，然后立即自顾自地玩了起来。

孩子会在一个物品较少的房间里感到轻松和专注。这样的空间可以舒缓感官，甚至有助于解决孩子的行为问题。简化意味着更少的杂乱和更多的喘息空间。孩子能更欣赏他所拥有的东西。减少物品的数量也能减轻我们的负担，使我们在护理、维护、搜索和储存物品上花费的时间更少。拥有更少的物品意味着生活会更加轻松，也意味着我们能把更多的时间花在真正重要的事情上。

如何简化我们的环境呢？我建议从玩具开始。选一个孩子不在家的时间，然后把玩具集中起来，从根本上减少玩具的数量。有些玩具你可以直接丢弃，有些你可能有些犹豫，拿进又拿出。还是要小心！试着把要扔的东西放到地下室或储藏室里几周，这样，也许你可以找回一件孩子特别喜欢的玩具。金·培恩推荐了一张丢弃玩具清单，包括：

- 已经坏了的玩具
- 已经不适合孩子现在年龄段的玩具，即对孩子来说过于幼稚的玩具
- 电影角色相关的玩具
- 使用了很久且容易损坏的玩具
- 刺激性过强的玩具
- 恼人的或具有攻击性的玩具
- 你被迫买的玩具
- 重复的玩具

还剩下什么呢？保留那些鼓励孩子玩"假装游戏"的玩具和鼓励孩子创造的玩具，比如实用的工具、玩偶、木偶和乐器等。我曾一度认为那些崇尚自由且注重环保的妈妈给孩子玩围巾是很疯狂的，但事实证明，围巾是很棒的玩具！围巾可以成为各种各样的装扮物品、作为结构支撑或者模拟剧院窗帘，等等。

留下一些让孩子可以投射他丰富想象力的东西。每次只给孩子提供适量的玩具或物品，确保他能在 5 分钟内自己收拾完毕。以让他感到愉快的方式安排这些玩具，还可以轮换项目，

这会让东西感觉像新的一样。

一旦你简化了孩子的玩具,就会把目光投向孩子的生活和家庭的其他方面。你也许可以减少孩子抽屉里的衣服数量,让每天早上的准备工作变得更加容易。你也可以减少家里其他地方的过量的东西,从而获得更多的轻松和自由。记住,我们一直在为孩子做榜样。更少的东西意味着花费更少的精力去维护它们,这样我们就有更多的时间专注在真正重要的事情上。

简化"屏幕时间"

孩子生活在一个与我们过去截然不同的数字化时代。如今,手机屏幕就如同一扇通往各种信息和娱乐世界的大门,对我们有着巨大的吸引力。而屏幕对孩子的吸引力和对我们一样,都是难以抵挡的,因此,为了确保孩子在现实生活中健康地成长,我们有必要限制孩子的"屏幕时间"。

我建议你在对待孩子和"屏幕时间"的问题上采取一种适度平衡的态度。无论是放任孩子无节制地使用屏幕,还是完全禁止孩子使用屏幕,这两种极端方式都无法教会孩子如何在一个屏幕无处不在的世界里正念地生活。数字技术为创造、解决问题以及学习提供了巨大的机会和可能。当我女儿学习如何编写游戏代码时,她非常兴奋,我也很高兴看到这一点。然而,数字世界也有过度色情和暴力的内容,花在屏幕上的时间也占用了孩子在现实世界中与他人互动的时间。美国儿科医师学会（2016）警告说，太多的"屏幕时间"会导致儿童肥胖、睡眠问题、抑郁和焦虑。很明显，数字技术对我们的生活有很大的影响，但问题在于，我们如何给"屏幕时间"设定健康的界限。

首先，让我们来看看你自己与数字技术的关系。你喜欢看电视还是在网上玩游戏呢？你是否会一直看手机呢？你开车的时候会打电话吗？你对自己的"屏幕时间"有限制吗？孩子看到了我们是如何生活的，并从中学习。当你问自己什么对孩子的健康有益时，首先看看你可以在数字技术的使用方面做出哪些改变。把自己想象成孩子的数字媒体使用榜样，来教他如何使用数字技术过上平衡的生活。

什么样的限制对孩子来说有好处呢？当孩子还处在婴儿期时，最好不要让电子产品出现在他身边。一旦孩子到了两岁以上，你可能希望介绍一些屏幕上的内容给孩子。但是要注意，在质量上要精挑细选，并限制孩子的使用时间。当孩子再长大些后，你可以与他谈谈你对"屏幕时间"的看法。你可以使用双赢的问题解决策略来与孩子一起设定健康的屏幕使用时间界限。你可以使用正念练习中的好奇心，在孩子的整个童年时期，把与他探讨"屏幕时间"想象成一段不断演变的对话。

一些关于"屏幕时间"的提示：

- 在设备上设置密码,使得孩子必须请求你的帮助,才能解锁它们。
- 在设备上设置"青少年保护"模式,以过滤和屏蔽暴力和色情内容。
- 给孩子的屏幕使用设定时间限制。
- 把所有的屏幕和电子产品都放在家庭的公共空间⊖里。在家庭的公共空间给手机充电。
- 不要让孩子在睡前 30 分钟~1 小时的时间里看屏幕。强光会干扰孩子的睡眠。
- 如果可以的话,不要在排队或开车的时候把手机丢给孩子。
- 每周一次(或者一天的部分时间)的"屏幕脱瘾日"。在我们家有个"无屏幕星期天"。
- 确保家务活和家庭作业等任务在"屏幕时间"之前完成。
- 不在餐桌上拿着手机看。
- 坚持在使用屏幕前带着孩子呼吸一些新鲜空气或锻炼身体。
- 推迟给孩子买智能手机的时间。考虑给孩子做"等到 8 岁"的承诺,这样,父母就能够摆脱孩子早早获得智能手机所带来的压力。

⊖ 指一家人共享的空间,与私人空间(如卧室)相对。——译者注

可以替代使用屏幕的事情有很多，比如玩玩具、画画、看书或者帮忙做家务。专门给孩子的有声读物和播客是"屏幕时间"的绝佳替代品。记住，孩子有时感到无聊也是可以的，甚至是好的。然而，你必须言行一致。我过去常常把手机放在卧室里当闹钟，直到我女儿叫我把它拿出去。我们的卧室里不应该有电子设备，所以我给自己买了一个闹钟，在睡前，我会把手机放到楼下去。以你希望孩子使用电子产品的方式来给孩子做榜样。通过健康的屏幕使用时间界限，我们向孩子展示如何与数字技术保持平衡的关系。

要培养理智且巧妙地与孩子沟通的能力，你家里的环境也很重要。与其被杂乱的东西和忙碌的日程安排所压倒，不如让生活朝着更慢的节奏和更简单的方向前进。当你减少压力和分心时，练习冥想以及将正念和共情带入你生活中的其他方面将会变得更加容易，你也更容易记住与孩子建立爱的联结。

转向更正念的生活

没有一件单独的事情能让你与孩子的关系变成一种合作的关系。相反，你需要把你在本书里学到的方法和练习看作一点一滴的、随着时间推移而帮助你改变的指南。事情的改变并不仅仅取决于你有多冷静，你说了什么，或者你生活的混乱程度，但所有这些事情都会对你产生影响。这一切都始于你所能控制的唯一——你自己。

你完全可以把养育过程中的挫折当作自己的老师。让你的错误和过失激励你。我回想起我作为一名年轻家长是如何挣扎的：我在地板上沮丧地哭泣，确信自己失败了。而现在我与孩子有着积极的、充满爱的（不完美的）关系。如果将过去的我与现在的我做对比，我不会做出任何改变，因为这些挑战让我明白了我需要学习哪些东西。这些挑战成了我在这里与你们分享这些实用技巧以及重新规划我家庭生活的动力。

当你沿着这条路前行的时候，请记住，世界上并没有"完美"这回事。为了我们自己和孩子，接受并预料到我们会犯不可避免的失误，有助于我们认识到共同的人性。当你对孩子吼叫时，不要责备自己。我现在还会时不时地对孩子吼叫！取而代之的是，把这看作一个重新开始练习的机会——一个为孩子树立榜样的机会，告诉孩子当一个人陷入困境时应该怎么做。当你沿着这条路前行的时候，多想想你的进步，而不是总想要完美。

在播客节目《正念妈妈》中，我向一组专家提出了同样的问题："孩子最需要的是什么？"他们给出的答案是"无条件的爱"（unconditional love）㊀，爱我们的孩子，无论他度过了愉快

㊀ 指在一段关系中，无论关系中另一方的反馈是什么，都会爱着对方。也被形容为"我爱你，与你无关"。——译者注

的一天，还是挣扎的一天。如果父母在孩子的成长过程中，教会他懂得无条件的爱，那么就会为孩子成年后的情感健康奠定最好的基础——一个让孩子能够以强大的韧性面对生活中所有挑战的基础。我们如何给予孩子无条件的爱呢？从关爱和接纳自己开始，规律的冥想和慈爱练习将帮助你实现这个目标。坚持下去！

记住，我们的旧习惯是熟悉且根深蒂固的。我们需要不断的勤奋练习，才能将正念带入日常生活中，才能学会共情和巧妙地回应孩子。这可能需要很长一段时间，但不要放弃！坚持不懈地学习和练习这门与孩子沟通的新语言，随着孩子的成长，养育孩子对你来说会变得越来越容易（而你的同龄人使用旧模式养育孩子，随着孩子的成长，养育却变得越来越困难）。与孩子建立牢固的、终身的关系意味着父母要高瞻远瞩。

养育孩子的努力不仅会对你自己的家庭产生积极的影响，而且会对你的社区和子孙后代产生积极的影响。在成长过程中感觉到被看到、被听到和被爱的孩子有一股强大的积极力量。学会如何以满足每个人需求的方式解决问题的孩子可以帮助我们发展人类的互动方式。你的努力将产生连锁效应。在这深远影响的背后，你将收获一段充满爱意且持续一生的关系。你付出的努力可以对这个世界上对你来说最重要的人——你的孩子——产生重大的影响。

本周练习

- 每天 5 ~ 10 分钟的静坐冥想练习或身体扫描冥想练习
- 慈爱练习
- 设置"特殊时间"
- 建立每日节奏
- 简化你家中的一个区域

致谢

写作可能会让人感到孤独,但事实是,有一群人帮助我写成了这本书。首先,我要感谢我的丈夫Bill,他是我的第一位编辑,也是整个写作过程中最坚定的支持者。谢谢你对我的信任。

致我的家人:妈妈,谢谢你的鼓励与友善,感谢你为我建立了开放的好奇心和共情的能力。Jared,谢谢你逗我笑,我太爱你了。向我的爸爸致以深深的感激之情:愿我们共同的性情能成为让这个世界变得更加美好的催化剂,谢谢你在我还是个孩子的时候对我的热情鼓励,并且一直信任我。

致Carla Naumburg:谢谢你成为我工作中如此伟大的朋友和拥护者。没有你,我不可能做到这一点。你的慷慨和智慧使我的生活发生了巨大的改变。

致我正念养育课程的学员们:感谢你们真诚的分享,感谢你们的诚恳,感谢你们把学到的东西带入自己的生活。

致我的编辑们：感谢你们一次又一次地给我提出意见和建议，让我的作品变得更好。

　　在结束本书之前，我必须向我的朋友们表达我的感激。感谢你们的拥抱、你们的温暖、你们明智的建议、你们的倾听，感谢 Margaret Winslow、Jeannie Stith-Mawhinney、Sarah Andrus、Kari Gormley、Allana Taranto、Kate Castro、Jennifer Curley、Clare Consavage、Lindsey Mix、Lisa Surbrook、Andrea Zatarain、Annie Gutsche、Ariel Gruswitz、Judy Morris、Heather Toupin、Amanda Bostick、Kyara Beck、Meagan Bergeron 和 Josie Marsh。

　　最后，我要向我的老师们深深地鞠躬致谢：Thich Nhat Hanh、Tara Brach、Cathy 和 Todd Adams、Jack Kornfield、Dan Siegel 和 Mary Hartzell，以及其他人。没有你们的智慧和指引，这本书就不会存在。谢谢你们分享的观点，帮助我激发了灵感。

延伸阅读

《我生气了》(Anh's Anger),盖尔·西尔弗(Gail Silver)

《家庭的觉醒》(The Awakened Family),沙法丽·萨巴瑞(Shefali Tsabari)

《幸福的陷阱》(插图版)(The Happiness Trap (illustrated)),路斯·哈里斯(Russ Harris)

《因为是爸妈,你值得轻松快乐每一天》(How to Be a Happier Parent),KJ.戴尔·安东尼亚(KJ Dell-Antonia)

《崩溃妈妈的自救指南》(How to Stop Losing Your Sh*t with Your Kids),卡拉·纳姆伯格(Carla Naumburg)

《如何说宝贝才会听》(How to Talk so Little Kids Will Listen),乔安娜·法伯(Joanna Faber)和茱莉·金(Julie King)

《父母效能训练手册》(Parent Effectiveness Training),托马斯·戈登(Thomas Gordon)

《由内而外的教养》(Parenting from the Inside Out)，丹尼尔·西格尔（Daniel J. Siegel）和玛丽·哈策尔（Mary Hartzell）

《当下自在》(Peace of Mind: Becoming Fully Present)，一行禅师（Thich Nhat Hanh）

《与孩子一起做的正念练习：灌溉生命的智慧种子》(Planting Seeds: Practicing Mindfulness with Children)，一行禅师

《游戏力》(Playful Parenting)，劳伦斯·科恩（Lawrence J. Cohen）

《冥想的力量》(Real Happiness)，莎朗·莎兹伯格（Sharon Salzberg）

《简单父母经》(Simplicity Parenting)，金·约翰·佩恩（Kim John Payne）

参考文献

Adams, Cathy. 2014. *Living What You Want Your Kids To Learn*. Be U, an imprint of Wyatt-MacKenzie.
American College of Pediatricians. 2016. "The Impact of Media Use and Screen Time on Children, Adolescents, and Families."
Bertelli, Cedric. "Turn on Your Healing Superpower with Cedric Bertelli," September 18, 2018, in *Mindful Mama*, produced by Hunter Clarke-Fields, Mindful Mama Mentor, 48:24.
Bögels, Susan, and Kathleen Restifo. 2014. *Mindful Parenting: A Guide for Mental Health Practitioners*. New York: Springer.
Brach, Tara. 2003. *Radical Acceptance*. New York, NY: Bantam Dell.
Brown, Brené. 2012. *Daring Greatly*. New York: Avery, an imprint of Penguin Random House.
Brown, Stuart. 2009. "Discovering the Importance of Play Through Personal Histories and Brain Images." *American Journal of Play* 1(4).
Cohen, Lawrence J. 2001. *Playful Parenting*. New York: Ballantine Books.
Corliss, Julie. 2014. "Mindfulness Meditation May Ease Anxiety, Mental Stress." *Harvard Health Blog*. Boston: Harvard Health Publishing.
Cullen, Margaret, and Gonzalo Brito Pons. 2016. "Taming the Raging Fire Within." *Mindful* 3(6): 56–63.
Davidson, Richard J., Jon Kabat-Zinn, Jessica Schumacher, Melissa Rosenkranz, Daniel Muller, Saki F. Santorelli, Ferris Urbanowski, Anne Harrington, Katherine Bonus, and John F. Sheridan. 2002. "Alterations in Brain and Immune Function Produced by Mindfulness Meditation." *Psychosomatic Medicine* 65(4): 564–570.

Dyer, Wayne W. 2004. *The Power of Intention*. CA: Hay House, Inc.

Fredrickson, B. L., M. A. Cohn, K. A. Coffey, J. Pek, and S. M. Finkel. 2008. "Open Hearts Build Lives: Positive Emotions, Induced Through Loving-Kindness Meditation, Build Consequential Personal Resources." *Journal of Personality and Social Psychology* 95(5): 1,045–1,062.

Gershoff, Elizabeth T., Andrew Grogan-Kaylor, Jennifer E. Lansford, Lei Chang, Arnaldo Zelli Kirby Deater-Deckard, and Kenneth A. Dodge. 2010. "Parent Discipline Practices in an International Sample: Associations with Child Behaviors and Moderation by Perceived Normativeness." *Child Development* 81(2): 487–502.

Gordon, Thomas. 1970. *Parent Effectiveness Training*. New York: David McKay Company, a division of Random House, Inc.

Ireland, Tom. 2014. "What Does Mindfulness Meditation Do to Your Brain?" *Scientific American Blog*. June 12.

Kabat-Zinn, Jon. 1994. *Wherever You Go, There You Are*. New York: Hyperion.

Kabat-Zinn, Jon. 2013. *Full Catastrophe Living*. New York: Bantam Books.

Kabat-Zinn, Jon. 2018. *Meditation Is Not What You Think*. New York: Hyperion.

Lewis, Katherine Reynolds. 2018. *The Good News About Bad Behavior*. New York: Public Affairs.

Lythcott-Haims, Julie. 2015. *How to Raise an Adult*. New York: Henry Holt and Company, LLC.

Markham, Laura. 2015. *Peaceful Parent, Happy Siblings*. New York: Penguin Group.

McCraith, Sheila. 2014. *Yell Less Love More*. Boston: Fair Winds Press.

Neff, Kristin. 2011a. "The Motivational Power of Self-Compassion." *Huffington Post* July 29.

Neff, Kristin. 2011b. *Self-Compassion*. New York: William Morrow, an imprint of HarperCollins Publishers.

Nhat Hanh, Thich. 2003. *No Death, No Fear*. New York: Riverhead Books.

Nhat Hanh, Thich. 1975. *The Miracle of Mindfulness*. Boston: Beacon Press.

Payne, Kim John. 2009. *Simplicity Parenting*. New York: Ballantine Books.

Salzberg, Sharon. 2011. *Real Happiness*. New York: Workman Publishing Company.

Seltzer, Leon F. 2016. "You Only Get More of What You Resist—Why?" *Psychology Today*. June 15.

Shapiro, Shauna, and Chris White. 2014. *Mindful Discipline*. Oakland, CA: New Harbinger Publications.

Siegel, Daniel J. 2018. "The Science of Wellbeing—Dr. Dan Siegel." *Mindful Mama* podcast. October 30.

Siegel, Daniel J., and Mary Hartzell. 2014. *Parenting from the Inside Out*. New York: Jeremy P. Tarcher/Penguin, a member of Penguin Group.

Siegel, Daniel J., and Tina Payne Bryson. 2011. *The Whole-Brain Child*. New York: Bantam Books.

Sofer, Oren Jay. 2018. *Say What You Mean*. Boulder, CO: Shambala Publications, Inc.

Wang, Ming-Te and Sarah Kenny. 2013. "Longitudinal Links Between Fathers' and Mothers' Harsh Verbal Discipline and Adolescents' Conduct Problems and Depressive Symptoms." *Child Development* 85, (3): 908–923. https://doi.org/10.1111/cdev.12143

Winnicott, D. W. 1973. *The Child, the Family, and the Outside World*. London: Penguin Books.

Wiseman, Theresa. 1996. "A Concept Analysis of Empathy." *Journal of Advanced Nursing* 23(6): 1,162–1,167.